NOMENCLATURE

DES ACTES, EXPÉDITIONS, QUITTANCES, ETC.,

Assujettis ou non au Timbre et à l'Enregistrement.

COMPTABILITÉ

DES COMMUNES ET DES ÉTABLISSEMENTS PUBLICS.

NOUVELLE

NOMENCLATURE

DES

ACTES, EXPÉDITIONS, QUITTANCES, TITRES

ET PIÈCES DE TOUTE NATURE

Assujettis ou non au Timbre et à l'Enregistrement,

Précédée

DE L'EXTRAIT DES LOIS ET DES PRINCIPES GÉNÉRAUX SUR LA MATIÈRE,

Par M. E. BOURDEL,

Vérificateur de l'Enregistrement et des Domaines.

CHARTRES,

GARNIER, IMPRIMEUR-LIBRAIRE, PLACE DES HALLES, 16 & 17.

PARIS.

COTILLON, Libraire, | VINCENT ET BOURSELET, Libraires,
Rue Soufflot, 23. | Rue Pavée-St-André, 13.

1856.

EXTRAIT

DES

LOIS SUR LE TIMBRE

ET

L'ENREGISTREMENT.

❦

TIMBRE.

LOI DU 13 BRUMAIRE AN VII (3 novembre 1798).

TITRE I.

Art. 1er. — La contribution du timbre est établie sur tous les papiers destinés aux actes civils et judiciaires qui peuvent être produits en justice et y faire foi..... Elle est de dimension ou proportionnelle.....

TITRE II.

Art. 12. — Sont assujettis au droit du timbre établi en raison de la dimension, tous les papiers à employer pour les actes et écritures, soit publics, soit privés, savoir :

1° ..... Les actes des autorités administratives qui sont assujettis à l'enregistrement, ou qui se délivrent aux citoyens, et toutes les expéditions et extraits des actes, arrêtés et délibérations desdites autorités, qui sont délivrés aux citoyens.

1

Lés pétitions et mémoires, *même en forme de lettres*, présentés au Directoire exécutif, aux Ministres, à toutes autorités constituées, aux administrations ou établissements publics.

Et généralement tous actes et écritures, extraits, copies et expéditions, soit publics, soit privés, devant ou pouvant faire titre ou être produits pour obligation, décharge, justification, demande ou défense;

2° Les registres..... des administrations centrales et municipales tenus pour objets qui leur sont particuliers, et n'ayant point de rapport à l'administration générale; les répertoires de leurs secrétaires; ceux des Receveurs des droits et des revenus des communes; et généralement tous livres, registres et minutes de lettres qui sont de nature à être produits en justice, et dans le cas d'y faire foi, ainsi que les extraits, copies et expéditions qui sont délivrés desdits livres et registres.

Art. 13. — Tout acte fait ou passé en pays étranger ou dans les îles et colonies françaises où le timbre n'aurait pas encore été établi, sera soumis au timbre avant qu'il puisse en être fait usage en France, soit dans un acte public, soit dans une déclaration quelconque, soit devant une autorité judiciaire ou administrative.

TITRE III.

Art. 16. — Sont exceptés du droit et de la formalité du timbre, savoir:

1° Les actes du Corps législatif et ceux du Directoire exécutif (du Gouvernement). Les minutes de tous les actes, arrêtés, décisions et délibérations de l'administration publique en général et de tous établissements publics, dans tous les cas où aucun de ces actes n'est sujet à l'enregistrement sur la minute, et les extraits, copies et expéditions qui s'expédient ou se délivrent par une administration ou un fonctionnaire public à une autre administration publique ou à un fonctionnaire public, lorsqu'il y est fait mention de cette destination. (V. L. 15 mai 1818, art. 80.)

Les inscriptions sur le grand-livre de la dette nationale et les effets publics; tous les comptes rendus par les comptables publics; les doubles, *autres que celui du comptable*, de chaque compte de recette ou gestion particulière et privée;

Les quittances de traitements et émoluments des fonctionnaires salariés par l'Etat;

Les quittances ou récépissés délivrés aux collecteurs et receveurs de deniers publics; celles que les collecteurs des contributions directes peuvent délivrer aux contribuables; celles des contributions indirectes qui s'expédient sur les actes, et celles de toutes autres contributions qui se délivrent sur feuilles particulières et qui n'excèdent pas dix francs;

Les quittances de secours payés aux indigents et les indemnités pour incendies, inondations, épizooties et autres cas fortuits;

Toutés autres quittances, même celles entre particuliers, pour créances en sommes non excédant dix francs, quand il ne s'agit pas d'un à-compte ou d'une quittance finale sur une plus forte somme;

Les engagements, enrôlements, congés, certificats, cartouches, passeports, quittances pour prêt et fournitures, billets d'étapes, de subsistances et de logement, et autres pièces ou écritures concernant les gens de guerre, tant pour le service de terre que pour le service de mer;

Les pétitions présentées au Corps législatif;... les certificats d'indigence;

Les actes de police générale et de vindicte publique, et ceux des commissaires du Directoire exécutif (magistrats du ministère public) non soumis à la formalité de l'enregistrement, et les copies des pièces de procédure criminelle qui doivent être délivrées sans frais;

2° Les registres de toutes les administrations publiques et des établissements publics pour ordre et administration générale;

..... Ceux des receveurs des contributions publiques et autres préposés publics.

TITRE IV.

Art. 17. — Les ..... secrétaires des administrations centrales et municipales (préfets, sous-préfets et maires) et autres officiers et fonctionnaires publics, ne pourront employer pour les actes qu'ils rédigeront, leurs copies et expéditions, d'autre papier que celui timbré du département où ils exercent leurs fonctions. (Aujourd'hui le papier timbré est fourni par l'administration.)

Art. 18. — La faculté accordée par l'art. 7 de la présente, aux citoyens qui voudront employer d'autre papier que celui fourni par la régie, en le faisant timbrer avant d'en faire usage, est interdite..... à tous les officiers ou fonctionnaires publics. — les administrations publiques seulement conserveront cette faculté.

Art. 19. — Les secrétaires des administrations (aujourd'hui le maires) ne pourront employer pour les expéditions qu'ils délivreront des actes retenus en minute et de ceux déposés ou annexés, du papier timbré d'un format inférieur à celui appelé *moyen papier*, et dont le prix est fixé à 75 centimes la feuille (1 fr. 25 c.; art. 63, L. 28 avril 1816).

Art. 20. — Les papiers employés à des expéditions ne pourront contenir, compensation faite d'une feuille à l'autre, savoir : plus de vingt-cinq lignes par page de moyen papier (à 1 fr. 25); — plus de trente lignes par page de grand papier (à 1 fr. 50); — et plus de trente-cinq lignes par page de grand registre (à 2 fr.).

Art. 21. — L'empreinte du timbre ne pourra être couverte d'écriture ni altérée.

Art. 22. — Le papier timbré qui aura été employé à un acte quelconque ne pourra plus servir pour un autre acte, quand même le premier n'aurait pas été achevé.

Art. 23. — Il ne pourra être fait ni expédié deux actes à la suite l'un de l'autre sur la même feuille de papier timbré, nonobstant tout usage ou réglement contraire.

Sont exceptés : les ratifications des actes passés en l'absence des parties, les quittances de prix de ventes et celles de remboursement de contrats, de constitution ou d'obligation.....

Il pourra aussi être donné plusieurs quittances sur une même feuille de papier timbré, pour à-compte d'une seule et même créance ou d'un seul terme de fermage ou loyer.

Art. 24. — Il est fait défense..... aux administrations publiques de rendre aucun arrêté sur un acte, registre ou effet de commerce non écrit sur papier timbré du timbre prescrit ou non visé pour timbre;

Art. 26. — Il est prononcé par la présente une amende, savoir :

1º De 15 fr. pour contravention, par les particuliers, aux dispositions de l'art. 21 ci-dessus.

2º De 25 fr. pour contravention aux art. 20 et 21 par les Officiers et Fonctionnaires publics;

3º De 30 fr. pour chaque acte s.-s. p. fait sur papier non timbré ou en contravention aux art. 22 et 23;

4º De 50 fr. pour contravention à l'art. 19 de la part des Officiers et Fonctionnaires publics;

5º De 100 fr., pour chaque acte public ou expédition écrit sur papier non timbré et pour contravention aux art. 17, 18, 22, 23 et 24 par les Officiers et Fonctionnaires publics ;

Et du vingtième de la somme exprimée dans un effet négociable, s'il est écrit sur papier non timbré ou sur un papier timbré inférieur à celui qui aurait dû être employé, et pour contravention aux art. 22 et 23 ;

Les contrevenants, dans tous les cas ci-dessus, paieront en outre les droits de timbre.

(Les amendes de 15, 25 et 30 fr. sont réduites à . .   5 fr.
celle de 50 fr. est réduite à . . . . . . 10 fr.
et celle de 100 fr. à . . . . 20 fr.
par l'art. 10, L. du 16 juin 1824.)

Quant à l'amende du vingtième, (V. L. 16 juin 1824, art. 12, et L. 24 mai 1834, art. 19, 20 et 21, et art. 4 L. 5 juin 1850.)

Art. 29. — Le timbre des quittances fournies à la République ou délivrées en son nom est à la charge des particuliers qui les donnent ou les reçoivent ; il en est de même pour tous les autres actes entre la République et les citoyens.

Art. 30. — Les écritures privées qui auraient été faites sur papier non timbré sans contravention aux lois du timbre, quoique non comprises nommément dans les exceptions, ne pourront être produites en justice, sans avoir été soumises au timbre extraordinaire ou au visa pour timbre, à peine d'une amende de 30 fr. (5 fr.), outre le droit de timbre.

LOI DU 6 PRAIRIAL AN VII.

Art. 5. — Les lettres de voitures, connaissements, chartes-parties et polices d'assurances, seront inscrits, à l'avenir, sur du papier du timbre d'un franc (aujourd'hui sur du timbre de dimension).
(V. L. 11 juin 1842, et L. 5 juin 1850, art. 33.)

LOI DU 28 AVRIL 1816.

Art. 63. — Aucune expédition, copie ou extrait d'actes... ne pourra être délivrée que sur papier d'un franc vingt-cinq centimes (1 fr. 25 c.).

Art. 76. — Le recouvrement des droits de timbre et des amendes de contravention y relatives, sera poursuivi par voie de contrainte. En cas de décès des contrevenants, les dits droits et amendes seront dus par leurs successeurs, et jouiront, soit dans les successions soit dans les faillites ou tous autres cas, du privilége des contributions directes.

LOI DU 15 MAI 1818.

Art. 78. — Demeurent assujettis au timbre... sur la minute :

1° Les actes des autorités administratives et des établissements publics portant transmission de propriété, d'usufruit et de jouissance; les adjudications ou marchés de toute nature, aux enchères, au rabais ou sur soumissions; 2° les cautionnements relatifs à ces actes.

Art. 80. — Tous les actes, arrêtés et décisions des autorités administratives, non dénommés dans l'art. 78, sont exempts du timbre sur la minute..... Toutefois, aucune expédition ne pourra être délivrée aux parties que sur papier timbré, si ce n'est à des individus *indigents*, et à la *charge d'en faire mention dans l'expédition.*

LOI DU 16 JUIN 1824.

Art. 10. — Toutes les amendes fixes prononcées par les lois sur le timbre sont réduites, savoir :

    ... Celles de 100 fr. à . . . .   20 fr.
        celles de 50 fr. à . . . .   10 fr.
et toutes celles au-dessous de 50 fr. à . . .   5 fr.

Art. 14. — V. aux lois sur l'Enregistrement.

LOI DU 21 AVRIL 1832.

Art. 28. — ... Ne seront point assujetties au droit de timbre les réclamations *(en matière de contributions)* ayant pour objet une cote moindre de 30 fr. (Cette exemption est applicable à *toutes* les contributions directes. Av. Cons. d'Et. 30 octob. 1835).

LOI DU 11 JUIN 1842.

Art. 6. — Les lettres de voitures et les connaissements ne pourront être rédigés que sur du papier timbré fourni par l'administration ou sur du papier timbré à l'extraordinaire. (Le timbre est celui de dimension).

LOI DU 5 JUIN 1850.

Art. 1ᵉʳ. — Le droit de timbre proportionnel sur les lettres de change, billets à ordre ou au porteur, mandats, retraites et tous autres effets négociables ou de commerce, est fixé ainsi qu'il suit :

A cinq centimes pour les effets de cent francs et au-dessous;

A dix centimes pour ceux au-dessus de cent francs jusqu'à deux cents francs;

A quinze centimes pour ceux de 200 à 300 fr.;

A vingt centimes pour ceux de 300 à 400 fr.;

A vingt-cinq centimes pour ceux de 400 à 500 fr.;

A cinquante centimes pour ceux de 500 à 1,000 fr., et ensuite 50 centimes par chaque mille francs.

Art. 4. — En cas de contravention, le souscripteur, l'accepteur, le bénéficiaire ou premier endosseur de l'effet non timbré, sont passibles *chacun* d'une amende de 6 °/₀. Si la contravention ne consiste que dans l'emploi d'un timbre inférieur à celui qui devait être employé, l'amende ne portera que sur la somme pour laquelle le droit de timbre n'aura pas été payé. *(Le minimum de 5 fr. créé par la loi de 1834 est supprimé.)*

Art. 27. — Les titres d'obligations souscrits par les départements, communes, établissements publics et compagnies, sous quelque dénomination que ce soit, sont assujettis au timbre proportionnel de 1 °/₀ du montant du titre.

Toute contravention sera passible d'une amende de 10 °/₀ du montant du titre.

Art. 33. — Tout contrat d'assurance, ainsi que toute convention postérieure... sera rédigé sur papier d'un timbre de dimension, sous peine de 50 fr. d'amende, contre l'assureur, sans aucun recours contre l'assuré.

DÉCRET DU 28 MARS 1852.

Art. 1er. — Sont exempts du droit de timbre les journaux et écrits, périodiques ou non, exclusivement consacrés aux lettres, aux sciences, aux arts et à l'agriculture.

LOI DU 8 JUILLET 1852.

Art. 30. — A partir du 1er août 1852, toute affiche inscrite dans un lieu public, sur les murs, sur une construction quelconque ou même sur toile, au moyen de la peinture ou de tout autre procédé, donnera lieu à un droit d'affichage fixé à 50 cent. pour les affiches d'un mètre carré et au-dessous, et à un franc pour celles d'une dimension supérieure.

Toute contravention pourra être punie d'une amende de 100 à 500 fr.

ENREGISTREMENT.

LOI DU 22 FRIMAIRE AN 7 (12 décembre 1798).

TITRE III.

Art. 20. — Les délais pour faire enregistrer les actes publics sont, savoir :

..... De *vingt jours*, pour les actes des administrations centrales et municipales (Préfets, Sous-Préfets et Maires) assujettis à la formalité de l'enregistrement. (V. L. 15 mai 1818, art. 78.)

Art. 22. — Les actes qui, à l'avenir, seront faits s.-s. p., et qui porteront transmission de propriété ou d'usufruit de biens immeubles, et les baux à ferme ou à loyer, sous-baux, cessions et subrogations de baux, et les engagements aussi s.-s. p. de biens de même nature, seront enregistrés dans les trois mois de leur date, sous peine d'un double droit d'enregistrement. (Art. 38.)

TITRE IV.

Art. 26. — Les greffiers et les secrétaires des administrations centrales et municipales feront enregistrer les actes qu'ils sont tenus de soumettre à cette formalité, aux bureaux dans l'arrondissement desquels ils exercent leurs fonctions.

Art. 29. — Les droits des actes à enregistrer seront acquittés, savoir :

..... Par les secrétaires *(les maires)* des administrations ..... municipales ,

Pour les actes de ces administrations qui sont soumis à la formalité de l'enregistrement.

Art. 35 et 36 combinés. — Les secrétaires *(les maires)* qui auront négligé de soumettre à l'enregistrement, dans le délai fixé, les actes qu'ils sont tenus de présenter à cette formalité, paieront personnellement, à titre d'amende, et pour chaque contravention une somme égale au montant du droit. — Ils acquitteront en même temps le droit, sauf leur recours, *pour ce droit seulement*, contre la partie.

Art. 41. — Les secrétaires des administrations municipales ne pourront délivrer en brevet, copie ou expédition, aucun acte soumis à l'enregistrement sur la minute ou l'original, ni faire aucun acte en conséquence, *avant qu'il ait été enregistré*, quand même le délai pour l'enregistrement ne serait pas encore expiré, à peine de 50 fr. d'amende (10 fr.), outre le paiement du droit. (V. L. 16 juin 1824 art. 10.)

Art. 42. — Aucun secrétaire *(maire)* ou autre officier public ne pourra faire ou rédiger un acte en vertu d'un acte s.-s. p., ou passé en pays étranger, l'annexer à ses minutes, ni le recevoir en dépôt, ni en délivrer extrait, copie ou expédition, *s'il n'a été préalablement enregistré*, à peine de 50 fr. d'amende (10 fr.) et de répondre personnellement du droit.

Art. 44. — Il sera fait mention dans toutes les expéditions des actes qui doivent être enregistrés sur la minute, de la quittance des droits, par une transcription *littérale* et *entière* de cette quittance. — pareille mention sera faite dans les minutes des actes publics, civils... qui se feront en vertu d'actes s.-s. p. ou passés en pays étrangers, et qui sont soumis à l'enregistrement par la présente.

Chaque contravention sera punie d'une amende de 10 fr. (5 fr.)

Art. 46. — Dans le cas de fausse mention d'enregistrement, soit dans une minute, soit dans une expédition, le délinquant sera poursuivi par la partie publique (ministère public), sur la dénonciation du préposé de la régie, et condamné aux peines prononcées pour le *faux*.

Art. 47. — Il est défendu..... aux administrations centrales et municipales de prendre aucun arrêté, en faveur des particuliers, *sur des actes non enregistrés*, à peine d'être personnellement responsables des droits.

Art. 49. — Les secrétaires des administrations centrales et municipales tiendront des répertoires à colonnes sur lesquels ils inscriront, jour par jour, sans blanc ni interligne, et par ordre de numéros, tous les actes des administrations qui doivent être enregistrés sur les minutes, à peine d'une amende de 10 fr. (5 fr.) pour chaque omission. (V. art. 82, L. 15 mai 1818.)

Art. 50. — Chaque article du répertoire contiendra : 1° son numéro ; 2° la date de l'acte ; 3° sa nature ; 4° les noms et prénoms des parties et leur domicile ; 5° l'indication des biens, leur situation et le prix, lorsqu'il s'agira d'actes qui auront pour objet la propriété, l'usufruit ou la jouissance de biens-fonds; 6° la relation de l'enregistrement.

Art. 51. — Les secrétaires des administrations municipales présenteront tous les trois mois leurs répertoires aux Receveurs de l'enregistrement de leur résidence qui les viseront et qui énonceront dans leur visa le nombre des actes inscrits. — Cette présentation aura lieu, chaque année, dans la première décade *(dix premiers jours)* de chaque mois de nivôse, germinal, messidor et vendémiaire *(janvier, avril, juillet et octobre)*, sous peine d'une amende de 10 fr. pour chaque décade *(dix jours)* de retard. (Amende réduite à une somme de 10 fr. quel que soit le retard, par la loi du 16 juin 1824, art. 10.)

Art. 52. — Indépendamment de la représentation ordonnée par l'article précédent, les secrétaires *(les maires)* seront tenus de communiquer leurs répertoires à toute réquisition, aux préposés de l'enregistrement qui se présenteront chez eux pour les vérifier, à peine d'une amende de 50 fr. (10 fr.) en cas de refus. — Le préposé, dans ce cas, requerra l'assistance d'un officier municipal du lieu, pour dresser, en sa présence, procès-verbal du refus qui lui aura été fait.

Art. 53. — Les répertoires seront cotés et paraphés, savoir :

..... Ceux des secrétaires des administrations, par le président de l'administration *(le Préfet ou le sous-Préfet)*.

Art. 54. — Les dépositaires..... et tous autres chargés des archives et dépôts de titres publics, seront tenus de les communiquer, sans déplacer, aux préposés de l'enregistrement, à toute réquisition, et de leur laisser prendre, sans frais, les renseignements, extraits et copies qui leur seront nécessaires pour les intérêts de la République, à peine de 50 fr. (10 fr.) d'amende en cas de refus.

Ces dispositions s'appliquent aussi aux secrétaires des administrations centrales et municipales. (V. art. 82, L. 15 mai 1818.)

Art. 55, 2ᵉ alinéa. — Les secrétaires des administrations municipales fourniront par trimestre, aux Receveurs de l'Enregistrement de l'arrondissement *(du canton)*, les relevés, par eux certifiés, des actes de décès. Ils seront délivrés sur papier non timbré et remis dans les mois de janvier, avril, juillet et octobre, à peine d'une amende de 10 fr., quel que soit le retard (art 10, L. 16 juin 1824.)

LOI DU 15 MAI 1818.

Art. 78. — Demeurent assujettis au timbre et à l'enregistrement sur la minute, dans le délai de 20 jours, *(à partir de la réception de l'approbation à la mairie*) : 1° les actes des autorités administratives et des établissements publics, portant transmission de propriété, d'usufruit ou de jouissance; les adjudications ou marchés de toute nature, aux enchères, au rabais ou sur soumissions; 2° les cautionnements relatifs à ces actes.

Art. 79. — La disposition de l'article 37 de la loi du 22 frimaire an 7 qui autorise, pour les adjudications en séance publique seulement, la remise d'un extrait au Receveur de l'enregistrement pour la décharge du secrétaire *(du maire)*, lorsque les parties n'ont pas consigné les droits en ses mains, *est étendue aux autres actes ci-dessus énoncés.*

Art. 80. — Tous les actes, arrêtés et décisions des autorités administratives non dénommés dans l'art. 78, sont exempts de l'enregistrement, tant sur la minute que sur l'expédition.....

Art. 82. — Les seuls actes dont il devra être tenu répertoire sur papier timbré dans les préfectures, sous-préfectures et mairies, et dont les préposés pourront demander communication, sont ceux désignés dans l'art. 78 de la présente loi.

LOI DU 16 JUIN 1824.

. Art. 10. — Toutes les amendes fixes prononcées par les lois sur l'enregistrement sont réduites, savoir :

celles de 100 fr., à.　.　.　20 fr.;
celles de　50 fr., à.　.　.　10 fr.;

et toutes celles au-dessous de　50 fr., à.　.　.　5 fr.

Art. 14. — La prescription de deux ans établie par le n° 1er de l'art. 61 de la loi du 22 frimaire an VII, s'applique aux amendes de contraventions aux lois sur le timbre et l'enregistrement. *Elle courra du jour où les préposés auront été mis à portée de constater les contraventions,* au vu de chaque acte soumis à l'enregistrement ou du jour de la présentation du répertoire à leur visa *(ou encore du jour de la vérification des pièces annexées aux comptes des communes ou des établissements publics).*

PRINCIPES GÉNÉRAUX

EN MATIÈRE DE TIMBRE ET D'ENREGISTREMENT

PAR RAPPORT AUX COMMUNES ET ÉTABLISSEMENTS PUBLICS.

La comptabilité municipale a été, depuis vingt ans, eu égard au timbre et à l'enregistrement, l'objet de nombreuses décisions qui, pour la plupart, sont restées inconnues aux maires et aux percepteurs. Aujourd'hui c'est une branche administrative dont l'étude et l'application présentent des difficultés sérieuses. Quelques principes cependant dominent toute la matière. En les résumant ici, nous croyons être utile aux comptables à qui ces principes généraux pourront servir comme de jalons dans la route souvent incertaine qu'ils ont à parcourir.

Toutefois nous ferons observer que notre travail, simple expression d'une opinion personnelle et sans aucun caractère officiel, ne saurait mettre à l'abri de toute responsabilité les fonctionnaires qui l'auraient adopté. Il n'y a que les instructions de l'administration qui puissent servir de règle certaine à cet égard.

Pour la saine application des lois sur le timbre et l'enregistrement, en matière de comptabilité municipale, il ne faut jamais perdre de vue :

1° Que les communes, les hospices et les autres établissements publics ne sont pas des *administrations publiques* et que les receveurs des communes et des établissements publics ne sont pas des *fonctionnaires publics;* qu'à l'égard de l'impôt, les uns et les autres doivent être considérés comme des *personnes privées,* soumises aux *règles communes;*

2° Que si tous les actes faits pour l'*administration générale, l'exécution des lois et l'intérêt de l'Etat* sont exempts du timbre et de l'enregistrement, ceux que font les communes et les établissements publics, *dans leur intérêt propre et pour l'administration de leurs biens et affaires,* y sont assujettis;

3° Qu'il n'y a d'exception, dans ce dernier cas, qu'en faveur des personnes *indigentes*, lesquelles jouissent du bénéfice de l'exemption de tout droit, lorsque leur *indigence est régulièrement constatée* et qu'elles n'ont pour intermédiaire ni *entrepreneur* ni *fournisseur* qui puisse en retirer un bénéfce ;

4° Que la règle générale établie par l'art. 12, L. 13 brum. an VII, qui assujettit au timbre tous les actes et écritures, extraits, copies ou expéditions, soit publics, soit s. s. p., devant ou pouvant faire titre, s'applique rigoureusement aux pièces de *toute nature* qui constatent le *droit au paiement*, et non à celles qui ne sont jointes que pour *l'ordre de la comptabilité ;*

5° Que les actes assujettis au timbre et à l'enregistrement sur la minute dans le délai de 20 jours, à partir de la date, *certifiée par le maire*, de la réception à la mairie de l'approbation administrative, à peine d'un double droit, sont :

> 1° Ceux portant transmission de propriété, d'usufruit ou de jouissance de biens immeubles, sauf le cas d'expropriation pour cause d'utilité publique ;
>
> 2° Les baux à ferme ou à loyer, les cessions et rétrocessions de baux ;
>
> 3° Les adjudications de travaux, d'exploitation de coupes de bois ou d'entreprises quelconques, de même que tous traités passés de gré à gré ;
>
> 4° Tout accord ou transaction entre les communes ou établissements publics et les particuliers ;
>
> 5° Enfin les marchés de toute nature, aux enchères, au rabais ou sur soumissions et les cautionnements y relatifs ;

6° Que tous les actes de l'espèce doivent être inscrits au répertoire *dès qu'ils sont rédigés*, et sans attendre l'approbation supérieure, et que ce répertoire timbré doit être soumis au visa du receveur de l'enregistrement dans les dix premiers jours de janvier, d'avril, de juillet et d'octobre ;

7° Que les minutes de ces actes doivent rester déposées aux archives des mairies ou établissements publics, et être communiquées, à toute réquisition, aux employés de l'enregistrement ; que ce sont des expéditions timbrées qui doivent être jointes aux comptes pour justifier les recettes ou les dépenses ;

8° Que tous les actes autres que ceux désignés ci-dessus et notamment les procès-verbaux d'expertises, de situation, d'achèvement ou de réception de travaux, les plans, cahiers des charges et certificats de toute espèce, etc., sont également soumis au timbre, sauf les exceptions prévues; mais peuvent n'être soumis à l'enregistrement, quand ils sont assujettis à cette formalité, qu'autant qu'on en veut *faire usage* dans un acte public ou devant une autorité judiciaire ou administrative, ou même les produire à l'appui des comptes des receveurs comme pièces justificatives de recettes ou de dépenses.

9° Que les plans, devis ou états estimatifs dûment *approuvés* sont des *actes administratifs* qui doivent, sous peine d'amende, être enregistrés, *avant qu'il soit procédé aux adjudications*, et non *en même temps* que ces adjudications;

10° Qu'on ne peut rédiger un acte en conséquence d'un autre acte non timbré ni enregistré, lors même que le délai pour l'enregistrement de ce dernier ne serait pas expiré;

11° Qu'on ne doit délivrer aucune copie ou expédition d'un acte, avant qu'il ait été *enregistré*, et que cette copie ou expédition doit contenir la mention *littérale* de l'enregistrement de la minute, et de l'approbation du Préfet;

12° Que les maires doivent s'abstenir de conventions *verbales* en matière de baux, ventes et autres stipulations, toutes les fois que la convention a quelque importance, et qu'il y a intérêt pour la commune à posséder un titre exécutoire;

13° Qu'on ne doit jamais écrire sur les timbres, ni se servir de papier timbré supprimé, ou dont une partie aurait été enlevée, ou qui aurait déjà été employé, quand bien même l'acte commencé n'aurait pas été achevé;

14° Que les expéditions ne peuvent contenir, compensation faite d'une feuille à l'autre, savoir: plus de vingt-cinq lignes par page de papier à 1 fr. 25 c.; plus de trente lignes par page de papier à 1 fr. 50 c.; et plus de trente-cinq lignes par page de papier à 2 fr.; que ces expéditions doivent rappeler la mention littérale de l'enregistrement et de l'approbation de la minute;

15° Que les maires doivent fournir tous les trimestres dans le courant de janvier, avril, juillet et octobre, la notice de *tous* les décès arrivés dans la commune, sans en excepter les indigents et les enfants en bas âge.

NOUVELLE NOMENCLATURE

DES

ACTES ET PIÈCES ASSUJETTIS OU NON

AU TIMBRE

ET A L'ENREGISTREMENT.

————◆————

Les Receveurs municipaux sont personnellement responsables des droits et amendes de *timbre* de toute nature dus à raison des pièces jointes aux comptes des communes et des établissements publics, sauf leur recours, *pour les droits de timbre seulement,* contre les parties qui auraient dû les payer.

Mais ils ne sont responsables ni des droits ni des amendes d'*enregistrement*, qui restent à la charge des maires ou des particuliers.

Les pétitions que forment ces Receveurs et les maires en remise des amendes de timbre et d'enregistrement qu'ils ont encourues, doivent être rédigées à *mi-marge* sur papier de timbre de dimension, adressées au Ministre des finances et remises au Receveur de l'enregistrement du canton, lequel se charge de l'envoyer, avec ses observations et son avis, au Directeur du département qui provoque la décision du Ministre.

————

2

ABRÉVIATIONS.

A.	Assujetti au timbre.
A. s. s. p.	Acte sous seing privé.
Arr.	Arrêt de la Cour de cassation.
Art.	Article.
Brum. frim.	Brumaire, frimaire.
C. N.	Code Napoléon.
Cass.	Cassation (Arrêt de la Cour de).
Circ.	Circulaires de l'administration de l'Enregistrement.
D. m. fin.	Décision du ministre des finances.
Décr.	Décret.
Délib.	Délibération de l'administration de l'Enregistrement.
E.	Exempt du timbre.
I. g. E.	Instructions générales de l'Enregistrement.
Inst. m. de l'Int.	Instructions générales du ministère de l'Intérieur.
I. g. fin.	Instructions générales du ministère des Finances.
J. E.	Journal des Rédacteurs de l'Enregistrement.
L.	Loi.
O. R.	Ordonnance royale.
p. %.	pour cent.
Sol.	Solution de l'Enregistrement.
Rép. gén.	Répertoire général de l'Enregistrement.
V.	Voyez.

A.

ABANDON DE PROPRIÉTÉS. — *V. Déclarations.*

ABONNEMENT. — Journaux. — Les quittances d'abonnements aux journaux payés par les communes et les établissements publics sont assujetties au timbre. (D. m. fin. 10 septembre 1830; I. g. E. 454.) . . . . (*A.*)

Si le paiement est justifié par des billets ou reconnaissances négociables, ces actes sont sujets au timbre proportionnel. (Sol. 27 juin 1842; L. 5 juin 1850, art. 1er.) . . . . (*A.*)

ACCEPTATION. — Autorisation. — *V. Dons et legs.*
—   —   *V. Arrêtés.*

A-COMPTE. — Paiements. — *V. Expéditions.*
—   —   *V. Quittances.*

ACQUISITIONS DE GRÉ A GRÉ. —   *V. Chemins vicinaux.*
—   D'UTILITÉ PUBLIQUE.— *V. Expropriation.*
—   —   *V. Départements.*
—   —   *V. Routes département.*

ACTE. — Papier ayant déja servi. — *Amende.* — Le papier timbré qui aura été employé à un acte quelconque ne pourra plus servir pour un *autre acte,* quand même le premier serait resté inachevé. En cas de contravention, l'amende est de 20 fr. contre les officiers publics, et de 5 fr. contre les particuliers. (Art. 22 et 26, L. 13 brum. an VII, et 10 de celle du 16 juin 1824.)

ACTE. — Timbre. — *V. Timbre.*
—   —   *V. Papier timbré.*
—   —   *V. Minutes.*

ACTES ADMINISTRATIFS. — Adjudications. — *Visa pour timbre en débet.* — Le papier destiné à la rédaction des procès-verbaux d'adjudications, *sans exception,* qui ont lieu devant l'autorité administrative, dans tous les cas où il est stipulé qu'elles ne seront *définitives* qu'après avoir été *approuvées* par l'autorité supérieure, peut être admis au visa pour timbre *en débet,* sous la condition que les adjudicataires acquitteront *simultanément* les droits de timbre et d'enregistrement. (D. m. fin. 19 déc. 1835 et 20 avril 1854; I. g. E. 2003, § 9; J. E. 15896-4.). . . . . (*A.*)

ACTES ADMINISTRATIFS. — Assujettis au timbre et a `L'enregistrement. — Sont assujettis au timbre et à l'enregistrement sur la minute, dans les vingt jours de leur date (*V. Délai)*, à partir de l'approbation supérieure :

Les minutes des actes administratifs portant transmission de propriété, d'usufruit ou de jouissance; les adjudications ou marchés aux enchères, au rabais ou sur soumissions; les cautionnements relatifs à ces actes.

En un mot tous les actes, même les *délibérations* (V. ce mot) dans lesquels des *tiers* concourent avec les communes et les établissements publics, lesquels agissent dès lors dans leur *intérêt propre*, pour l'administration de *leurs biens et affaires*. (Art. 78, L. 15 mai 1818.) . . . . (*A.*)

Ces minutes doivent rester déposées dans les archives des mairies ou des établissements publics. (*V. Archives.*)

Quant aux expéditions, elles ne peuvent être délivrées que sur papier timbré à 1 fr. 25 c. (Art. 17, L. 13 brum. an VII, et 80 de celle du 15 mai 1818.)

ACTES ADMINISTRATIFS. — Caractère. — *Approbation, Effet.* — Les actes administratifs sont ceux qui émanent d'une autorité ou d'un fonctionnaire de l'ordre administratif, agissant dans l'exercice des fonctions qui lui sont confiées par la loi.

Ils se divisent en deux catégories, savoir : ceux qui ont pour objet *l'administration publique* en général, lesquels sont exempts du timbre et de l'enregistrement (art. 16, L. 13 brum. an VII, et art. 80 de la loi du 15 mai 1818), et ceux qui se rattachent aux *intérêts privés,* lesquels sont assujettis au timbre et à l'enregistrement (art. 78 de ladite loi).

Les actes des communes et des établissements publics sont placés dans cette dernière catégorie. Mais l'approbation de l'autorité administrative est indispensable pour qu'ils acquièrent le *caractère* et l'*effet* d'actes administratifs. A défaut de cette approbation supérieure, les actes de l'espèce, même faits devant notaires, restent de simples *projets sous seing privé,* sans valeur ni effet.

ACTES ADMINISTRATIFS. — Enregistrement. — *Délai.* — Les actes des autorités administratives et des établissements publics assujettis à l'enregistrement par l'article 78 de la loi du 15 mai 1818, doivent recevoir cette formalité dans les vingt jours de leur date, et ce délai ne court que *du jour de la réception à la mairie* de l'arrêté du Préfet portant approbation, réception qui doit être certifiée par le Maire en marge de l'acte. (*V. Droits d'enregistrement.*) (D. m. fin. 4 août 1838; I. g. E. 1577, § 6.) (*V. Délai.*)

ACTES ADMINISTRATIFS. — Exempts de timbre et d'enregistrement. — *Expéditions.* — Tous les actes, arrêtés, décisions et
délibérations des autorités administratives qui ne portent pas transmission de propriété, d'usufruit ou de jouissance, adjudications ou
marchés de toute nature aux enchères, au rabais ou sur soumissions
et cautionnements relatifs à ces actes, sont *exempts* du timbre sur la
minute et de l'enregistrement tant sur la minute que sur l'expédition. Toutefois aucune expédition ne pourra être délivrée aux parties
que sur papier timbré, si ce n'est à des individus *indigents* et à la
charge d'en faire mention dans l'expédition. (Art. 80 de la loi du
15 mai 1818.) . . . . **(E.)**

ACTES ADMINISTRATIFS. — Expéditions (produit des). —
État. — Est affranchi du timbre comme pièce produite pour l'ordre
de la comptabilité, l'état dressé par le Maire et annexé au compte du
Receveur, indiquant le nombre et le produit des expéditions des
actes administratifs. (I. g. E. 1273.) . . . . **(E.)**
Il en est de même pour les droits d'expéditions des actes de l'é-
tat-civil. (I. g. E. 1391.). . . . . **(E.)**

ACTES ADMINISTRATIFS. — Minute. — *Timbre, Dimension.* —
La *minute* des actes administratifs peut être rédigée sur du papier
timbré de *toute dimension.* (Art. 12, n° 1 de la loi du 13 brumaire
an VII, et 78 de celle du 15 mai 1818.). . . . . **(A.)**

ACTES ADMINISTRATIFS. — Enregistrement. — *Délai.* —
V. *Chemins vicinaux.*

— Tarif des droits d'enregistrement.— *V. Droits d'enregistr.*
États de recettes. — *V. Ventes
verbales.*

ACTE A LA SUITE D'UN AUTRE. — Timbre. — *Amende.* — « Il
» ne peut être fait ni expédié deux actes à la suite l'un de l'autre
» sur la même feuille de papier timbré, nonobstant tout usage ou
» réglement contraire. Sont exceptés : les ratifications, les quittances
» de prix de vente et de remboursement d'obligations, les inven-
» taires, procès-verbaux de ventes mobilières et autres actes qui ne
» peuvent être consommés dans un même jour et dans la même
» vacation, les procès-verbaux d'apposition, de reconnaissance et
» de levée de scellés, les significations des huissiers qui peuvent
» être mises à la suite des jugements et des copies de pièces signées
» par les avoués. » (Art. 23, L. 13 brum. an. VII.)

Il peut aussi être donné plusieurs quittances sur une même feuille de papier timbré, mais seulement pour à-compte d'une seule et même créance ou d'un seul terme de fermage ou loyer. (Art. 23, L. du 13 brum. an VII.)

L'amende, en cas de contravention à cet article, est de 30 fr. si le contrevenant est un simple particulier, et de 100 fr. s'il est officier ou fonctionnaire public, outre le droit de timbre dont le Trésor a été privé. (Art. 26, nᵒˢ 3 et 5 de la même loi.)

(Cette amende a été réduite à 5 fr. et à 20 fr. par l'art. 10 de la loi du 16 juin 1824.)

ACTE A LA SUITE. — TIMBRE. — *Amendes, Pluralité.* — En matière de contravention à l'art. 23 de la loi du 13 brum. an VII, il y a autant d'amendes encourues qu'il a été rédigé d'actes à la suite les uns des autres. En effet, chaque acte écrit à la suite, doit être considéré comme *fait sur papier non timbré,* et chacun d'eux est passible d'une amende de 20 fr. ou de 5, d'après l'art. 26, nᵒˢ 3 et 5 de la loi précitée, selon que le contrevenant est un fonctionnaire public ou un particulier. (J. E. 12564 et 15420-5.)

ACTE A LA SUITE. — ETATS D'ÉMARGEMENTS. — *Quittances d'intérêts.* — Lorsqu'une commune doit à plusieurs particuliers des sommes dont les intérêts s'élèvent *par terme* à plus de 10 fr. pour chaque créancier, on ne peut, sans contravention au timbre, ne former qu'un seul état sur timbre de ces intérêts, et se borner à le faire *émarger* par les créanciers. Dans ce cas, il faut une quittance séparée pour chaque créance distincte excédant 10 fr. (J. E. 15,546-1.) . . . . (A.)

ACTE A LA SUITE. — QUITTANCE. — *Acte de poursuite, Amende.* — La quittance d'une somme excédant 10 fr., payée à l'État, ne peut, sans contravention à l'art. 23 de la loi du 13 brum. an VII, être donnée sur la copie, rapportée par le redevable, de la contrainte qui lui a été signifiée avec commandement. En effet la contrainte, même suivie de commandement, n'est pas un *titre* de créance pour le trésor, c'est un *acte* de poursuite à la suite duquel on ne peut rédiger un autre *acte.* (J. E. 14,201-1.)

ACTE A LA SUITE. — SOUMISSION. — *Cahier des charges.* — La soumission faite dans l'intérêt d'une commune ou d'un établissement public, peut être mise à la suite du cahier des charges rédigé, même en simple projet, sur *papier libre.* Mais alors ce dernier doit être timbré à l'extraordinaire ou visé pour timbre, parce que réuni à la soumission, il forme un *marché administratif* soumis à l'approbation supérieure, au répertoire et à l'enregistrement. (I. g. E. 1391; J. E. 11,770 . . . . (*A.*)

ACTE A LA SUITE. — VENTE DE BOIS NOTARIÉE. — *Cahier des charges administratif.* — Un notaire peut, sans contravention, écrire le procès-verbal d'une vente de bois appartenant à une commune, à la suite du cahier des charges rédigé par le maire de cette commune. Le cahier des charges, le procès-verbal d'enchères et l'adjudication forment, en effet, un corps dont l'unité serait rompue, s'ils étaient séparés, ainsi que l'a reconnu l'I. g. E. 1667 § 1 en matière d'adjudication d'immeubles. (Sol. 18 janv. 1850; J. E. 14894-5.)

ACTE A LA SUITE.— RÉPONSES AUX PÉTITIONS. — *V. Pétitions.*
    — QUITTANCES PAR ÉMARGEMENTS.— *V. Employés.*
    — QUITTANCES PAR ÉMARGEMENTS.— *V. Etats de journées.*
    — ACTES D'ADHÉSION.— *V. Chemins vicinaux.*
    — TIMBRE SUPPRIMÉ. — *V. Timbre.*

ACTES DE L'ÉTAT-CIVIL. — AFFICHES DE PUBLICATION. — *Mariages.*— Les affiches de publication de promesses de mariages sont, aux termes de la loi du 13 brum. an VII, art. 1 et 12, assujettis au timbre. (D. m. fin. 6 niv. an VII et 13 fruct. an 10; Circul. 1566; I. g. E. 72, § 11.). . . : . . . . (*A.*)
Elles peuvent être écrites sur du papier timbré de toute dimension. (J. E. 5533.)
Les officiers de l'état-civil ne peuvent, sans contrevenir à l'art. 23 de la loi du 13 brum. an VII, réunir dans une même affiche, et sur la même feuille de papier, plusieurs publications de mariages. (J. E. 4306.)

ACTES DE L'ETAT-CIVIL. — AUTORISATION POUR INHUMER. — L'autorisation pour inhumer, délivrée par l'officier de l'état-civil, est exempte du timbre. (Art. 77, C. N.). . . . . (**E.**)

ACTES DE L'ETAT-CIVIL. — CERTIFICATS. — *Nourrices.* — Les certificats délivrés aux nourrices par le Directeur du bureau général des placements pour attester la date de la naissance des enfants, sont exempts de timbre. (Dél. 17 juillet 1822; J. E. 7261.) . (**E.**)

ACTES DE L'ETAT-CIVIL. — EMIGRANTS. — *Expéditions.* — Les expéditions et extraits des actes de l'état-civil nécessaires aux ouvriers et cultivateurs qui émigrent pour les colonies françaises, sont exempts du timbre, à la condition de faire mention de leur destination. (D. m. fin. 27 mai 1850; J. E. 14,956-8.). . . . . . (**E.**)

ACTES DE L'ÉTAT-CIVIL. — Expéditions. — *Formules imprimées, timbre.* — Sont assujettis au timbre les expéditions, extraits ou copies des actes de naissances, de décès et de mariages. (Art. 19, L. 13 brum. an VII; 63, L. 28 avril 1816 et 80 de celle du 15 mai 1818.) . . . . (**A.**)

Lorsque, pour la commodité du service, on se sert de *formules imprimées*, en vertu de l'art. 18 de la loi du 13 brum. an VII, pour les expéditions des actes de l'état civil, on peut employer du papier de *petit format*, pourvu toutefois qu'il ait été timbré à l'extraordinaire à raison de 1 fr. 25 c. la feuille. (D. m. fin. 12 pluv. an VII; Circ. 1566.) (*V. Expéditions.*)

ACTES DE L'ÉTAT-CIVIL. — Expéditions. — *Indigents, Timbre.* • —Les expéditions et extraits des registres de l'état-civil dont la production est nécessaire pour le mariage des *indigents*, la légitimation de leurs enfants naturels et le retrait de ces enfants déposés dans les hospices, doivent être visés pour timbre et enregistrés *gratis*, lorsqu'il y a lieu à l'enregistrement; mais seulement sur la production d'un certificat d'indigence dont mention expresse doit être faite dans les actes et expéditions, sous peine de 25 fr. d'amende. (Art. 4, L. 10 déc. 1850; I. g. E. 1876.). . . . . (**E.**)

ACTES DE L'ÉTAT-CIVIL. — Expéditions (PRODUIT DES). — *État.* — Est affranchi du timbre l'état, certifié par le Maire, indiquant le nombre et le produit des expéditions des actes de l'état-civil, et qui est annexé au compte du Receveur comme pièce justificative de la recette et pour ordre de la comptabilité. (I. g. E. 1273.) . . . . (**E.**)

Il en est de même pour l'état des droits d'expéditions des actes administratifs. (I. g. E. 1391.) . . . . (**E.**)

ACTES DE L'ÉTAT-CIVIL. — Expéditions. — *Exemption militaire, Timbre.* — Peuvent être délivrées sur papier *non timbré*, à la charge de faire mention de la destination, les expéditions des actes de l'état-civil, certificats et autres pièces produites devant les Conseils de révision, et délivrées par les Maires ou tous autres chefs civils et militaires aux jeunes gens qui, d'après l'article 14 de la loi du 10 mars 1818, ont réclamé l'exemption du service militaire pour d'autres motifs que pour des infirmités, et à ceux qui demandent, en vertu de l'article 15 de la même loi, d'être dispensés de servir. (D. m. fin. 5 septembre 1818; I. g. E. 856.) . . . . **(E.)**

ACTES DE L'ÉTAT-CIVIL. — Expéditions. — *Enfants-trouvés, Timbre.* — Les extraits, copies et expéditions des actes de l'état-civil délivrés par les Maires pour faire admettre à l'hospice les enfants-trouvés, sont exempts du timbre, soit qu'on les transmette directement aux Préfets, soit qu'on les remette aux commissions administratives des hospices chargées d'en faire la production. (D. m. fin. 3 fév. 1836; J. E. 11504.) . . . . **(E.)**

ACTES DE L'ÉTAT-CIVIL. — Expéditions. — *Enrôlements volontaires, Timbre.* — Les expéditions des actes de l'état-civil et les certificats qui doivent être produits pour les engagements volontaires, peuvent être délivrées sur papier non timbré, à la charge de faire mention de la destination sur chaque expédition ou certificat. (D. m. fin. 6 août 1818; I. g. E. 851.). . . . . **(E.)**

ACTES DE L'ÉTAT-CIVIL. — Expédition. — *Fabrique, Timbre.* — L'expédition d'un acte de l'état-civil délivrée par un Maire au trésorier d'une fabrique, *dans l'intérêt de cette fabrique,* doit être rédigée sur papier timbré, par le motif que la fabrique n'est pas une *administration publique,* ni le trésorier un *fonctionnaire public.* (Cass. 6 nov. 1832; I. g. E. 1422, § 18.) . . . . **(A.)**

ACTES DE L'ÉTAT-CIVIL. — Expéditions. — *Gendarmerie, Timbre.* — Sont exemptes de timbre, les expéditions des actes de naissance délivrées aux gendarmes pour être admis au serment, ou à des militaires qui demandent à être reçus dans la gendarmerie; mais il doit être fait mention dans ces expéditions de l'usage auquel elles sont destinées. (D. m. fin. 8 mars 1836; J. E. 11460.). . **(E.)**

ACTES DE L'ÉTAT-CIVIL. — Expéditions. — *Militaires, Pensions, Timbre.* — Les extraits de naissance, de mariage et de décès que doivent produire les veuves et les enfants de militaires pour obtenir des pensions ou des secours du Gouvernement, sont exempts du timbre, pourvu que leur destination soit expressément mentionnée dans ces extraits. (D. m. fin. 27 octob. 1807; J. E. 2737.) . . **(E.)**

Il en est de même des extraits produits pour recevoir des arrérages échus, lors du décès de militaires pensionnés. (D. m. fin. 15 janv. 1823; I. g. E. 1073.). . . . . **(E.)**

ACTES DE L'ÉTAT-CIVIL. — Expéditions. — *Sociétés de secours mutuels, Timbre.* — Les expéditions d'actes de naissance et de mariage des membres des sociétés de secours mutuels, délivrées aux présidents de ces sociétés, dans l'intérêt des associations, peuvent être visées pour timbre *gratis*, pourvu qu'elles contiennent la mention expresse de leur objet et de leur destination spéciale. (D. m. fin. 25 fév. 1854; I. g. E. 2003, § 6.) . . . . **(E.)**

ACTES DE L'ÉTAT-CIVIL. — Mariage civil. — *Certificat.* — Le certificat de célébration de mariage que délivre l'officier de l'état-civil, pour que le ministre des cultes puisse donner la bénédiction nuptiale (art. 54 de la loi du 18 germ. an x), est assujetti au timbre, par application de l'art. 12 de la loi du 13 brum. an VII. (Décret du 9 déc. 1810; I. g. E. 501 et 1822.). . . . . **(A.)**

ACTES DE L'ÉTAT-CIVIL. — Militaires. — *Certificats, Marins.* — Les Maires peuvent délivrer, sur papier libre, les certificats attestant les noms, prénoms, date et lieu de naissance des militaires qui en ont besoin pour le service des registres-matricules de leurs corps, à la condition de faire mention dans ces certificats de leur destination. (D. m. fin. 17 déc. 1819; J. E. 6600.) . . . . . . **(E.)**

Les certificats de décès délivrés dans les bureaux du ministère de la guerre, ne sont pas sujets au timbre. (D. m. fin. 9 juillet 1819; J. E. 6448.). . . . . **(E.)**

Il en est de même des certificats délivrés par les commissaires de la marine pour constater la mort d'un marin, quelque usage qu'on en puisse faire. (D. m. fin. 29 juin 1840; J. E. 12618.). . . **(E.)**

ACTES DE L'ÉTAT-CIVIL. — Ministres des cultes. — Les actes de baptêmes, mariages et décès faits par les Ministres des Cultes, n'ayant plus pour objet de constater l'*état-civil*, depuis le concordat de 1802, ne sont pas sujets au timbre. (J. E. 2502.). . . . **(E.)**

ACTES DE L'ÉTAT-CIVIL. — Pays étrangers. — *Timbre.* — Les actes de l'état-civil reçus en pays étrangers, devant être timbrés avant qu'il en soit fait usage en France, aux termes des art. 1 et 13 de la loi du 13 brum. an VII, l'officier public à qui l'on représente des actes semblables doit exiger, avant de les recevoir et de les utiliser, qu'ils soient timbrés à l'extraordinaire ou visés pour timbre. (Avis du Cons. d'État 20 sept. 1833; J. E. 9507 et 10764.). . . . **(A.)**

ACTES DE L'ÉTAT-CIVIL. — Pays étrangers. — *Traduction.* — La traduction d'un acte de l'état-civil passé en pays étranger, qui doit être transcrite sur les registres de l'état-civil français, est sujette au timbre et à l'enregistrement avant d'être déposée chez un notaire ou annexée au registre de l'état-civil. (D. m. fin. 2 novembre 1831; J. E. 10426.) . . . . **(A.)**

ACTES DE L'ÉTAT-CIVIL. — PERMISSIONS DE MARIAGES. — *Militaires*. — Les permissions de mariages que l'article 3 du décret du 16 juin 1808 prescrit aux militaires de demander au Ministre de la Guerre, sont exemptes du timbre, par application de l'art. 16, n° 1 de la loi du 13 brum. an VII, relatif aux pièces ou écritures concernant les *gens de guerre*. (J. E. 3761.) . . . . **(E.)**

ACTES DE L'ÉTAT-CIVIL. — PUBLICATION DE MARIAGE. — *Certificat d'affiche, Timbre*. — Les certificats de publication de promesses de mariage qui se délivrent aux parties dans une autre commune que celle où les affiches ont été apposées, peuvent être écrits sur du papier de petite dimension (35 c. ou 70 c.); mais si ces certificats renferment la *copie littérale* des publications, ils doivent alors être faits sur papier à 1 fr. 25 c., attendu qu'ils tiennent lieu d'*expéditions*. (D. m. fin. 27 octobre 1807; I. g. E. 371, n° 2; J. E. 2743.) . **(A.)**

ACTES DE L'ÉTAT-CIVIL. — REGISTRES. — *Tables*. — Les registres pour la tenue des actes de l'état-civil et les tables annuelles, doivent être faits avec du papier timbré de dimension. (L. des 20 sept. et 19 déc. 1792, du 13 brum. an VII, art. 12; Circ. 2051; I. g. E. 377, § 2.) . . . . **(A.)**
Le timbre employé aux *tables* doit être le même que celui des registres. (D. m. fin. 15 mars 1808.) (*V. Expéditions*.)

ACTES DE L'ÉTAT-CIVIL. — TABLES DÉCENNALES. — *Expéditions, Timbre*. — En exécution de l'art. 15, titre II de la loi du 20 sept. 1792, il doit être formé, après chaque période de dix ans, une table des actes de l'état-civil pour chaque commune, en *triple* expédition.
Les expéditions destinées à la Préfecture et à la Mairie sont, comme les tables annuelles, assujetties au timbre de dimension. (*A.*)
Mais celle destinée à rester au greffe du tribunal de l'arrondissement, en est affranchie. (I. g. E. 770 et 1064.) . . . . . **(E.)**

ACTES DE L'ÉTAT-CIVIL. — COPIES. — *Timbre*. — *V. Expéditions*.

ACTE DE NOTORIÉTÉ. — INDIGENT. — *Timbre*. — Est exempt du timbre et de l'enregistrement, en vertu de la loi du 10 déc. 1850, l'acte de notoriété que le juge-de-paix délivre à un *indigent*, en l'absence du greffier. (J. E. 15744-2.) . . . . **(E.)**

ACTE DE POURSUITES. — QUITTANCE. — *V. Acte à la suite*.

ACTES DES COLONIES OU DE PAYS ÉTRANGERS. — *V. Visa pour timbre*.

TRADUCTION. — *V. Actes de l'état-civil*.

ACTES JUDICIAIRES. — Expéditions. — *Administration publique.* — Les extraits ou expéditions d'actes judiciaires délivrés à une *Administration publique* ou à un fonctionnaire public, sont exempts du timbre, pourvu qu'il y soit fait mention de cette destination. (L. 13 brum. an VII, art. 16, nº 1.) . . . . (**E.**)

Ainsi décidé spécialement pour l'administration des Contributions indirectes. (L. E. 6029.). . . . . (**E.**)

Mais toutes celles délivrées dans l'*intérêt* des particuliers, des communes et des établissements publics sont assujetties au timbre. (Art. 12, L. 13 brum. an VII, et 80, L. 15 mai 1818.) . . . (*A.*)

ACTE NOTARIÉ. — Approbation administrative. — *Copie non timbrée.* — Lorsqu'un acte notarié fait dans l'intérêt d'une commune ou d'un établissement public, doit être soumis à l'approbation du Préfet, le notaire ne doit pas se dessaisir de la minute; il suffit qu'il délivre à ce magistrat une *copie sur papier libre*, au vu de laquelle l'approbation peut être donnée par un arrêté séparé qui est ensuite annexé à la minute. Il en est de même des actes concernant l'administration des biens des fabriques des églises protestantes de la confession d'Augsbourg. (D. m. fin. 18 fév. et 8 mars 1854; I. g. E. 2003 § 1.). . . . . (**E.**)

ACTES PASSÉS EN CONSÉQUENCE D'UN AUTRE. — Administrations publiques. — *Enregistrement.* — Les Maires et secrétaires des mairies, enfin tous agents des administrations publiques ne peuvent délivrer, en brevet, copie ou expédition, aucun acte soumis à l'enregistrement sur la minute ou original, *ni faire aucun acte en conséquence*, avant qu'il ait été enregistré, quand même le délai pour l'enregistrement ne serait pas encore expiré, à peine d'une amende de 10 fr., outre le paiement du droit. (L. 22 frim. an VII; art. 41 et 10 de celle du 16 juin 1824.) (*V. Devis.*)

D'un autre côté, il est défendu aux administrations centrales et municipales (*Préfets* et *Maires*), de prendre aucun arrêté, en faveur des particuliers, sur des *actes non enregistrés*, à peine d'être personnellement responsables des droits d'enregistrement. (Art. 47 de la même loi.)

ACTES PASSÉS EN CONSÉQUENCE. — Administrations publiques. — *Timbre.* — Il est défendu aux administrations publiques de rendre aucun arrêté sur un acte, registre ou effet de commerce non écrit sur *papier timbré*, ou non visé pour timbre, à peine d'une amende de 20 fr. contre les Officiers et fonctionnaires publics, outre le paiement des droits du timbre. (Art. 24 et 26 nº 5 de la loi du 13 brum. an VII; 10 de celle du 16 juin 1824.)

ACTES PASSÉS EN CONSÉQUENCE. — Colonies, pays étrangers. — *Timbre.* — Tout acte fait ou passé en pays étranger ou dans les îles et colonies françaises où le timbre n'a pas encore été établi ou est inférieur à celui établi en France, est soumis au timbre *avant qu'il puisse en être fait aucun usage en France,* soit dans un acte public, soit dans une déclaration quelconque, soit devant une autorité judiciaire ou administrative. (L. 13 brum. an VII, art. 13.). (*A.*)

ACTE S. S. P. — Défense d'en rédiger. — *V. Instituteurs.*
— Enregistrement. — *Délai.* — *V. Enregistrement.*
— — *V. Chemins vicinaux.*

ADJUDICATIONS. — Coupes de bois. — *Communes.* — Les procès-verbaux d'adjudication des coupes de bois des communes peuvent être visés pour timbre *en débet;* mais sous la condition que les droits de timbre seront acquittés *en même temps* que ceux d'enregistrement. (D. m. fin. 28 janv. 1832; I. g. E., 1401, § 10.). . . (*A.*)

ADJUDICATIONS D'IMMEUBLES. — Minutes, Expéditions. — *Timbre, Enregistrement.* — Les minutes et les expéditions des procès-verbaux d'adjudications d'immeubles appartenant à l'État, aux départements, arrondissements, communes et établissements publics, sont assujetties au timbre . . . . (*A.*)
Les droits de timbre, comme ceux d'enregistrement, sont à la charge des acquéreurs. (Art. 29, L. 13 brum. an VII; I. g. E. 290.)

ADJUDICATIONS ET MARCHÉS. — Fournitures. — *Supplément de prix, Droits.* — L'Administration de l'Enregistrement est fondée à réclamer un supplément de droit sur les adjudications et marchés pour fournitures, constructions, entretien et réparations concernant les administrations, les communes, les établissements publics et les particuliers, lorsque des documents publics ou administratifs fournissent la preuve que l'importance effective du marché est plus grande que celle qui a servi de base à l'enregistrement de l'acte. (Art 16 et 69, § 2, n° 3, L. 22 frim. an VII.) (D. m. fin. 29 mai 1850; I. g. E. 1862.)

ADJUDICATIONS. — Travaux. — *Communes.* — Les procès-verbaux d'adjudications de travaux à exécuter pour les communes, de même que les affiches, devis et cahiers des charges y relatifs, doivent être rédigés sur papier timbré de dimension. (Toutefois *V. Actes administratifs.*) (I. g. E. 1187, § 15, et 1205, § 15; J. E. art. 14793-1. (*A.*)

ADJUDICATIONS. — Marchés. — *Communes.* — *V. Expéditions.*
— — *Prisons.* — *V. Expéditions.*

ADJUDICATIONS. — Marchés. — *Lycées et Colléges.* — *V. Lycées.*
    —   —   *Fabriques.* — *V. Fabriques.*
    —   —   *Visa pour timbre.* — *V. Actes administratifs.*

ADMINISTRATIONS PUBLIQUES. — Timbre. — Pour l'application des lois sur le timbre et l'enregistrement, il importe de remarquer que les communes, hospices, fabriques et les autres établissements publics ne sont pas des *administrations publiques*, et que les Receveurs des communes et des établissements publics ne sont pas des *fonctionnaires publics.* Les uns et les autres ne doivent être considérés que comme des *personnes privées*, toutes les fois qu'ils n'agissent pas dans un *intérêt d'ordre public* et d'*administration générale.*

Ainsi, l'expédition délivrée administrativement sur *papier libre* au receveur d'une commune pour *ordre de la comptabilité*, ne peut servir au Receveur d'un *hospice* et former *titre* dans les comptes de ce dernier. (I. g. E. 1236, § 11.) (*V. Expéditions.*)

ADMINISTRATIONS PUBLIQUES. — Actes. — *Timbre.* — *V. Actes passés en conséquence.*
    —   *— Enregistrement.* — *V. id.*
    —   Expéditions. — *Formules imprimées.* — *V. Expéditions.*

ADULTES. — Elèves. — *V. Ecoles primaires.*

AFFICHES. — Apposition de placards. — *Certificat, Timbre.* — Les certificats et visas donnés par les Maires sont, en général, exempts de toute formalité. (D. m. fin. 13 juin 1809; I. g. E. 426.) . (**E.**)

Mais en matière de ventes judiciaires, si le certificat d'apposition de placards n'est pas *mis sur le procès-verbal d'apposition*, il doit être écrit sur papier au timbre de dimension. (D. m. fin., 16 fév. 1818; J. E. 6008.) . . . . (*A.*)

AFFICHES. — Arrondissements et départements. — Les affiches apposées dans l'intérêt *particulier* des départements et arrondissements pour annoncer des adjudications aux enchères ou au rabais, sont assujetties au timbre. (I. g. E. 1205, § 15; D. m. fin. 10 septembre 1834; J. E. 11131 et 16058-5.). . . . . . (*A.*)

Il en est de même des affiches concernant les communes et les établissements publics. (I. g. E. 1374.) . . . . (*A.*)

AFFICHES. — Autorité publique. — Sont affranchies du timbre les affiches émanées de l'autorité publique, et qui ont pour objet *l'intérêt général, l'exécution des lois et réglements de police.* Ce sont les seules qui peuvent être faites sur papier *blanc.* (Art. 56 de la loi du 9 vend. an VI; lois du 22 juillet 1791 et 28 avril 1816.). .   **(E.)**

AFFICHES. — COULEUR DU PAPIER. — Toutes les affiches (autres que *celles émanant de l'autorité publique* qui seules peuvent être faites sur papier *blanc*) (lois des 28 juillet 1791, et 28 avril 1816, art. 65), doivent être rédigées sur du papier de *couleur,* sous peine d'une amende de 20 fr. contre l'imprimeur. (L. du 25 mars 1817, art. 77, et 15 mai 1818, art. 76.)

AFFICHES. — COUPES DE BOIS. — *Communes.* — Sont exemptes du timbre les affiches annonçant les ventes des coupes de bois des communes et des établissements publics. Elles se rattachent à l'administration générale des forêts. (Délib. 6 janvier 1832; J. E. 10228.). . . . .   **(E.)**

AFFICHES. — FOIRES, FÊTES.— Sont exemptes du timbre, comme se rattachant à l'ordre public, les affiches annonçant les foires et fêtes patronales. (D. m. fin. 28 mai 1819.). . . . .   **(E.)**

AFFICHES. — HOPITAUX, HOSPICES, MAISONS DE CHARITÉ. — Sont assujetties au timbre les affiches pour adjudications des biens des hospices, hôpitaux et maisons de bienfaisance et de charité. (I. g. E. 326, § 1, et 1250, § 15.) . . . .   **(A.)**

AFFICHES. — IMPRIMÉES, LITHOGRAPHIÉES, MANUSCRITES. — *Communes et établissements publics.* — Sont assujetties au timbre les affiches annonçant les adjudications aux enchères ou au rabais, les baux, marchés, etc.; toutes celles enfin qui ont pour objet *l'intérêt privé et particulier* des communes et des établissements publics, qu'elles soient *imprimées, lithographiées* ou *manuscrites* et *non signées.* (D. m. fin. 24 nov. 1826; I. g. E. 1205, § 15, et 1374.) **(A.)**

S'il y a plusieurs feuilles collées ensemble, chacune d'elles doit être *timbrée* suivant sa dimension. (Sol. 19 mars 1835; J. E. 11232.).   **(A.)**

AFFICHES MANUSCRITES OU A LA BROSSE. — LOCATIONS. — Celles de l'espèce appliquées sur bois ou sur les murs et portes des maisons, lorsqu'elles ont pour objet d'en annoncer la location, ou de faire connaître le genre de commerce ou d'industrie qui s'y exerce, sont exemptes du timbre. (I. g. E. 386, § 1, et 1675, § 11.) **(E.)**

AFFICHES. — MARIAGES. — *Publication.* — Celles de publication de mariage sont assujetties au timbre de dimension. (D. m. fin., 16 septemb. 1807.) . . . .   **(A.)**

Mais celles concernant les *indigents*, en sont affranchies. (L. du 10 déc. 1850.). . . . . **(E.)**

Pour les certificats de publication. (*V. Actes de l'état-civil.*)

AFFICHES PEINTES. — Droit d'affichage. — A partir du 1er août 1852, toute affiche inscrite dans un lieu public, sur les murs, sur une construction quelconque ou même sur toile, au moyen de la peinture ou de tout autre procédé, donne lieu à un *droit d'affichage* fixé à 50 centimes pour les affiches d'un mètre carré et au-dessous, et à 1 franc pour celles d'une dimension supérieure.

La perception de ce droit a lieu au bureau de l'arrondissement au moyen d'une déclaration de la part des personnes qui veulent afficher. (L. 8 juillet 1852, art 30; I. g. E. 1937.) . . . . **(A.)**

AFFICHES. — Routes départementales. — Les affiches apposées dans l'intérêt d'un arrondissement ou d'un département pour adjudications de travaux concernant les routes départementales, sont exemptes du timbre, comme émanant de l'autorité publique et concernant l'Etat. (D. m. fin. 15 janv. 1845; I. g. E. 1743, § 19.) **(E.)**

Les procès-verbaux d'adjudications de l'espèce ne sont sujets qu'au droit fixe d'enregistrement de 2 francs. (I. g. E., 1732, § 1.)

AFFICHES. — Mariage. — *V. Actes de l'Etat-civil.*

AFFICHES. — Elections générales. — *V. Elections.*

AFFOUAGE. — Coupes. — *Quittances.* — Les quittances remises en paiement du prix des coupes d'affouage, sont assujetties au timbre, par la raison que la somme payée par chaque habitant est le prix de l'avantage qui lui est accordé, et constitue une *créance* et non un *impôt*. (D. m. fin. 10 sept. 1830; I. g. E. 1391.) . . **(A.)**

AFFOUAGE. — Permis d'exploitation. — Les permis d'exploiter délivrés aux communes pour leurs bois, sont exempts du timbre. (I. g. E. 1187, § 11.). . . . . **(E.)**

AFFOUAGE. — Taxes communales. — Les quittances des taxes imposées sur l'affouage, pour sommes excédant dix francs, sont assujetties au timbre. (D. m. fin. 31 décembre 1844; I. g. E. 1732, § 17; I. g. fin. art. 732, § 1er.) (*V. Taxes.*) . . . . . . **(A.)**

AFFOUAGE. — Vingtième de la valeur des coupes. — Sont assujetties au timbre les quittances, au-dessus de dix francs, données par les Receveurs des Domaines aux Receveurs municipaux du vingtième de la valeur des coupes délivrées en nature dans les bois des communes et des établissements publics. (Lois des 25 juin 1844 et 19 juillet 1845; J. E. 13240-8; Sol. 15 avril 1843; Inst. 1653 et 1738.). . . . . (A.)

AFFOUAGE. — VISA POUR TIMBRE. — *Adjudications.* — *V. Coupes affouagères.*

     —   —   *V. Rôles communaux.*

AGENTS-VOYERS.— SALAIRES.— *Certificats.—V. Chemins vicinaux.*
     —   SERMENT. — *Expéditions.* — *V. Serment.*

ALIÉNÉS. — ETATS NOMINATIFS. — Sont assujettis au timbre les états nominatifs des individus admis dans les maisons d'aliénés et de refuge *qui ne sont pas à la charge du Trésor public*, dans les hospices et autres établissements de bienfaisance, et dressés par les directeurs de ces établissements pour obtenir le remboursement du prix de journées ou de traitement de malades ou d'autres dépenses. (I. g. E. 1391.) . . . . (A.)

ALIÉNÉS. — PENSIONS D'INDIGENTS. — *Communes.* — Sont exempts du timbre : 1° les quittances de sommes payées par une commune à un hopital d'aliénés, pour pensions des aliénés *indigents;* 2° les états de décompte de ces pensions à produire pour l'admission de la dépense dans les comptes des Receveurs municipaux. (D. m. fin. 18 octobre 1838; I. g. E. 1577 § 26.). . . . . . . (**E.**)

ALIÉNÉS. — PENSIONS D'INDIGENTS. — *Départements.* — 1° Sont affranchis du timbre les états de décompte et les quittances des pensions dues par les départements pour les *indigents* placés dans les asiles publics ou dans les établissements publics d'aliénés; 2° les quittances et les décomptes du prix des journées dues par les départements aux dépôts de mendicité pour indigents conduits dans ces établissements par suite de condamnations judiciaires ou admis par ordre du Préfet. (I. g. E. 1767 § 14.) . . . . (**E.**)

ALIGNEMENT. — ACQUISITIONS. — *V. Voie publique.*

ALTÉRATION DES TIMBRES. — *V. Empreinte.*

AMENDES ATTRIBUÉES. — POLICE RURALE, MUNICIPALE ET CORRECTIONNELLE. — *Communes et Hospices.* — Sont affranchis du timbre les mandats délivrés par les Préfets sur les caisses des Receveurs de l'Enregistrement pour le paiement des amendes de police rurale et municipale, et de police correctionnelle, attribuées aux communes et hospices. Il en est de même des états d'attributions

3

joints aux recettes, et des quittances à souche données par les Receveurs des communes et des établissements publics aux Receveurs de l'Enregistrement. (*V. Attribution d'amendes.*) (D. m. fin. 23 sept. 1829; I. g. E. 1307 § 15.) . . . . **(E.)**

AMENDES DE TIMBRE ET D'ENREGISTREMENT. — *V. Responsabilité.*

—	—	*V. Papier timbré.*
—	—	*V. Pétitions en remise.*
—	—	*V. Enregistrement.*
—	—	*V. Timbre.*
—	—	*V. Prescription.*

AMENDES. — Quotité. — *Pour Actes.* — *V. Enregistrement.*
   —   —   —   *V. Timbre.*
   —   —   *Pour Expéditions.* — *V. Expéditions.*
   —   —   *Pour Affiches.* — *V. Timbre.*
   —   De timbre. — *Pluralité.* — *V. Acte à la suite.*
   —   Fraction de feuille. — *V. Papier timbré.*

AMENDES ET SAISIES. — Répartition. — *V. Octroi.*

APPRENTISSAGE. — *V. Enfants-trouvés.*

APPROBATION ADMINISTRATIVE. — *V. Acte notarié.*
   —   —   *V. Décisions.*
   —   —   *V. Actes administratifs.*

ARCHIVES. — Mairies. — *Minutes, Dépôt, Expéditions.* — Les minutes des actes administratifs (*V. Minutes*) doivent toujours rester déposées dans les archives des mairies ou des établissements publics. Il y a infraction aux règles de la comptabilité, lorsqu'elles sont jointes à l'appui des comptes des Receveurs, au lieu *d'expéditions timbrées.* (*V. Arrêtés.*) J. E. 13712 et 15160-3; I. g. E. 1752.)

ARCHIVES PUBLIQUES. — *V. Expéditions.*
   —   *V. Fabriques.*
   —   *V. Minutes.*

ARMES. — Entretien. — *V. Caisses.*

ARRÉRAGES. — *V. Rentes sur l'État.*

ARRÊTÉS-ARRÊTS. — Signification. — *Comptables, Expéditions.* — Sont affranchis du timbre par application de l'art. 16, n° 1er, L. 13 brum. an VII, les expéditions des arrêtés des Conseils de Préfecture et les extraits des arrêts de la Cour des comptes, portant réglement des comptes des Receveurs des communes, hospices, bureaux de bienfaisance et autres établissements publics, lorsque la notification de ces expéditions ou extraits leur est faite *administrativement*, soit directement soit par l'intermédiaire de la comptabilité générale des finances. (I. g. E. 1099, n° 1er, 1156 § 11, 1200 § 22, et 1236 § 10) . . . . **(E.)**

Mais cette exemption n'est pas applicable aux expéditions demandées par les *comptables eux-mêmes*. (D. m. fin. 17 sept. 1832; J. E. 10436; I. g. E. 454 § 5, et 1236 § 10.) . . . . **(A.)**

ARRÊTÉS DE PRÉFECTURE. — Expéditions. — *Timbre*. — En général, les expéditions des arrêtés des Conseils de Préfecture statuant sur des affaires qui intéressent les particuliers, ou les communes et les établissements publics, lesquels sont assimilés aux *particuliers* pour les lois de l'impôt, ne peuvent être délivrées que sur papier timbré, si ce n'est à des individus *indigents*, et à la charge d'en faire *mention* dans l'expédition. (Art. 12 de la loi du 13 brum. an VII et 80 de celle du 15 mai 1818.). . . . . **(A.)**

Les expéditions de ces arrêtés qui sont délivrées *administrativement* et sur *papier non timbré*, doivent rester en dépôt dans les archives; sauf aux maires à en délivrer des *copies sur timbre* de 1 fr. 25 c. pour être annexées aux actes ou aux comptes des Receveurs.

ARRÊTÉS DES PRÉFETS. — Expéditions administratives. — *Archives*. — Les expéditions d'arrêtés de Préfets délivrées *administrativement* et sur *papier libre* au maire d'une commune ou à un établissement public, doivent rester déposées dans les archives de la mairie ou de l'établissement.

Et si l'on veut faire usage de ces arrêtés dans *l'intérêt* de la commune ou de l'établissement public, le maire ou le trésorier doit délivrer copies sur timbre de 1 fr. 25 c. des expéditions administratives, ou réclamer de nouvelles expéditions timbrées. (Art 80 L. 15 mai 1818.) . . . . **(A.)**

ARRÊTÉS DES PRÉFETS. — Expéditions. — *Autorisation d'accepter*. — Sont assujetties au timbre les expéditions des arrêtés des Préfets et des Conseils de préfecture qui autorisent les communes et les établissements publics soit à recevoir le remboursement de rentes, soit à accepter des dons et legs. (D. m. fin. 1er avril 1836; J. E. 11830 § 6 . . . . **(A.)**

ARRÊTÉS DES PRÉFETS. — Expéditions. — *Autorisation de vendre ou d'acquérir*. — Les expéditions des arrêtés des Conseils de

Préfecture qui autorisent les communes et les établissements publics à vendre ou à acquérir, sont sujettes au timbre, s'il en est fait usage dans l'intérêt de ces communes et établissements. (D. m. fin. 26 août, 9 nov., 31 déc. 1831; J. E. 12485; art. 80 L. 15 mai 1818.) .   (*A.*)

ARRÊTÉS DES PRÉFETS. — Expéditions. — *Notaire désigné, Hospices.* — L'expédition de l'arrêté du Conseil de Préfecture qui désigne un notaire pour procéder à la vente des biens d'un hospice, doit être écrite sur timbre. (J. E. 12044-2.) .   (*A.*)

ARRÊTÉS DES PRÉFETS. — Minutes, Expéditions. — *Radiation d'inscriptions.*—Sont exemptes du timbre et de l'enregistrement, par application de l'art. 80 L. 15 mai 1818, les *minutes* des arrêtés des Préfets et des délibérations des Conseils municipaux qui autorisent la radiation des inscriptions hypothécaires prises dans l'intérêt des communes et des établissements publics. Il en est de même pour les arrêtés qui autorisent la radiation des inscriptions requises au profit de l'État ou des départements, pour sûreté de l'exécution de travaux publics. . . . . (**E.**)
Mais les *expéditions* de ces arrêtés et délibérations remises aux Conservateurs des hypothèques pour opérer les radiations, doivent être faites sur *papier timbré*. (I. g. E. 1236 § 1er et 1641.) . .   (*A.*)

ARRÊTÉS DES PRÉFETS. — Expéditions. — *Fabriques, bureaux de bienfaisance, legs, acceptation.*— Les expéditions des arrêtés des Préfets qui autorisent les trésoriers des fabriques ou des bureaux de bienfaisance à accepter des dons et legs, doivent être délivrées sur papier timbré, lorsqu'elles sont utilisées dans l'intérêt de ces établissements. (D. m. fin. 9 nov. 1831; J. E. 10163; Jugem. d'Arcis-sur-Aube, 17 mars 1837; J. E. 11953). . . . . . . (*A.*)

ARRÊTÉS DES PRÉFETS. — Expéditions. — *V. Expéditions.*
         —   Nomination de gardes. — *V. Gardes particuliers.*

ARRÊTÉS DE PRÉFECTURE. — Expéditions. — *V. Expéditions.*
         —   Comptables publics. — *V. Arrêtés.*
         —   Rentes, Remboursement. — *V. Expéditions.*
         —   Acquisitions.— *V. Chemins vicinaux.*
         —   Fabriques. — *V. Fabriques.*
         —   Comptabilité des hospices. — *V. Hospices.*

ARRÊTÉS ET DÉCRETS MINISTÉRIELS. — *V. Expéditions.*

ARRONDISSEMENTS. — Timbre. — *V. Affiches.*

ASSISTANCE JUDICIAIRE. — Indigents. — *Exemption.* — D'après la loi du 22 janvier 1851 (I. g. E. 1879) l'assistance judiciaire est accordée, dans les cas prévus par cette loi, aux individus qui justifient de leur indigence.

La demande d'admission et toutes les pièces produites à l'appui, sont affranchies du timbre. (Art. 10 de la dite loi.). . . . . **(E.)**

ASSURANCE. — Grêle, Incendie. — *V. Polices.*
   —   —   *V. Primes.*

ATELIERS DE CHARITÉ. — Travaux. — *Etats de journées.* — Sont affranchies du timbre les quittances relatives au paiement des travaux faits par *ateliers de charité*, lorsqu'il n'y a ni entrepreneur ni fournisseur, ni régisseur qui puisse en retirer un bénéfice, et que l'indigence des ouvriers est régulièrement constatée. L'ouvrier employé à l'extraction des pierres, par atelier de charité, n'est pas assimilé au *fournisseur.* (Art. 16, L. 13 brum. an VII; D. m. fin. 9 octob. 1835; I. g. E. 1513 § 12 et 2003 § 5.) . . . . . . **(E.)**

ATELIERS DE CHARITÉ. — Travaux. — *V. Chemins vicinaux.*
   —   —   *V. Indigents.*
   —   —   *V. Secours et subventions.*

AUTORISATION. — Acceptation. — *Dons et Legs.* — *V. Arrêtés des Préfets.*

ATTRIBUTIONS AUX COMMUNES ET HOSPICES. — *V. Amendes attribuées.*
   —   —   *V. Chasse.*
   —   —   *V. Voirie.*
   —   —   *V. Patentes.*
   —   —   *V. Fraudes.*
   —   —   *V. Roulage.*

AVANCES. — Travaux publics. — *Etats de remboursement.* — Sont assujettis au timbre les états de remboursement d'avances faites par les entrepreneurs et régisseurs de travaux publics et autres, lorsqu'ils y joignent un bénéfice quelconque. (I. g. E. 1391, 2e partie n° 5.) . . . . **(A.)**

AVANCES DE TIMBRE. — Remboursement. — *Quittances.* — Sont assujetties au timbre les quittances de sommes payées en remboursement d'avances de timbre faites par des personnes *autres* que les agents spéciaux des communes, lesquels sont les Maires, les Conseillers municipaux et les Receveurs.

Telles sont les avances de l'espèce faites par les *instituteurs* et les *greffiers*. (Art. 12 L. 13 brum. an VII; I. g. E. 1391.) (*V. Etat-civil.*) . . . . (*A.*)

AVANCES. — Etats de remboursement. — *V. Entrepreneurs.*

AVIS IMPRIMÉS OU LITHOGRAPHIÉS. — Timbre. — Est assujetti au timbre extraordinaire, suivant sa dimension, tout avis imprimé ou lithographié répandu dans le public, même sous la forme de *lettre missive*. (Cass. 12 sept. 1809; Jug. Seine 17 déc. 1834). (*A.*)

AVIS DES MINISTÈRES. — Quittances. -- *V. Lettres.*

AVOCAT. — *V. Consultations.*

B.

BAIL VERBAL. — *V. Conventions.*

BALAYAGE. — Rues. — Sont assujetties au timbre les quittances de sommes payées pour balayage des rues, quais et places, même à titre d'abonnement, parce qu'il s'agit d'un *salaire* et non d'un *traitement*. (J. E. 11671-5.). . . . . (*A*).

BANCS D'ÉGLISES. — Adjudications. — *V. Droits d'enregistrem[t].*
     —   Délibérations. — *V. Expéditions.*
     —   Location. — *V. Fabriques.*

BARBIER. — Hospice. — *V. Quittances.*

BAUX. — Casernement. — *V. Gendarmerie.*
     —   Communes. — *V. Expéditions.*
     —   Enregistrement. — *V. Actes administratifs.*

BESTIAUX. — Visites. — *Salaires.* — Sont assujetties au timbre les quittances de *salaires* payés pour visites de bestiaux amenés aux foires et marchés, si elles ont pour objet des sommes au-dessus de 10 fr. (Art. 12 de la loi du 13 brum. an VII.) . . . . . (*A.*)

Mais elles en sont exemptes si les personnes chargées de ces visites reçoivent, à cet effet, un *traitement* annuel *inférieur à 300 fr.* (I. g. E. 454.) . . . . (**E.**)

BESTIAUX. — Taxes communales. — *V. Pâturages.*

BILLETS DE FAIRE PART. — Naissances, Mariages, Décès. — Sont affranchis du timbre les billets et avis de faire part de mariages, naissances, décès et enterrements. Ils peuvent être admis à l'affranchissement dans tous les bureaux de poste, sans être soumis à cette formalité. (D. m. fin. 19 juin 1822; I. g. E. 1051 n° 1.) **(E.)**

BILLETS. — *V. Logements militaires.*

BINAGE. — Curé. — *V. Indemnité.*

BOIS DES COMMUNES ET ÉTABLISSEMENTS PUBLICS. — Délimitation. — Les frais de délimitation et d'aménagement des bois des communes et des établissements publics constituent des dépenses extraordinaires à la charge particulière de ces communes et établissements, et auxquelles ne s'applique pas le produit de l'impôt voté annuellement en exécution de l'art. 106 du Code forestier. Les actes y relatifs sont donc assujettis au timbre et à l'enregistrement. (I. g. E. 1598.) . . . . **(A.)**

Quant aux procès-verbaux de délimitation de ces bois, ils sont visés pour timbre au moment de l'enregistrement, le *tout en débet*, sauf le recouvrement des droits contre les communes et établissements publics. (D. m. fin. 7 janv. 1853; I. g. E. 1960 § 6.) . **(A.)**

Mais les demandes qui ont pour objet la jouissance et l'administration des bois des communes sont exemptes du timbre. (*V. Pétitions.*) (D. m. fin. 12 juin 1850; J. E. 14964-6.). . . . . . . **(E.)**

BORDEREAUX RÉCAPITULATIFS. — Pièces comptables. — Sont exempts de timbre les bordereaux récapitulatifs de pièces qui sont annexés aux comptes des Receveurs municipaux, lors même que les pièces énoncées seraient assujetties au timbre. (I. g. E. 1391, 1re partie, n° 4.) . . . . **(E.)**

Mais les *pièces* elles-mêmes doivent être timbrées, lorsqu'elles forment *titre* pour la recette ou la dépense. (*V. Titres de recettes.*) (Art. 12 L. 13 brum. an VII.) . . . . **(A.)**

BORDEREAUX D'ASSURANCE. — Timbre. — *V. Primes.*

BORNES. — Visite et entretien. — *V. Fontaines.*

BOURSES. — Places et pensions. — *V. Collèges.*

BREVETS. — Timbre. — *V. Commissions.*

BUDGETS. — Expéditions ou doubles. — Les minutes et les expéditions ou doubles des budgets primitifs et budgets supplémentaires des communes et des établissements publics, sont affranchies du timbre, comme actes d'*administration publique*. (Art. 16 L. 13 brumaire an VII.). . . . . **(E.)**

BUREAUX DE BIENFAISANCE OU DE CHARITÉ. — TIMBRE. — *Enregistrement.* — Ces bureaux sont assimilés aux communes pour l'application des lois sur le timbre et l'enregistrement. Tout ce qui se rapporte à la comptabilité des communes est donc applicable à celle des bureaux de bienfaisance, et aux pièces annexées aux comptes des Receveurs, sauf les exceptions prévues . . . **(A.)**

BUREAUX DE BIENFAISANCE. — DISTRIBUTION D'ARGENT. — *Quittances, Etats.* — Lorsque les bureaux de bienfaisance font faire des distributions en argent aux *indigents*, par l'intermédiaire de personnes *autres* que les Receveurs de ces établissements, les quittances des sommes distribuées, que donnent ces personnes, au lieu et place des *indigents* qui les ont reçues, sont exemptes du timbre, de même que l'*état* des distributions opérées. (ART. 16 L. 13 brum. an VII; Sol. 10 mai 1843; Rép. gén. nº 5982-4.). . . . . **(E.)**

BUREAUX DE BIENFAISANCE. — DISTRIBUTION D'OBJETS MO-BILIERS. — *États, Mémoires.* — Toutes les pièces relatives aux dépenses des bureaux de bienfaisance, et notamment les *factures* et *mémoires* de fournitures produits à l'appui des comptes des Receveurs de ces établissements, sont assujettis au timbre. (I. g. E. 1180 § 9.) . . . . **(A.)**

Il semble qu'il doit en être de même des *états* produits par les dames de charité, et certifiés par le maire, pour obtenir le remboursement des sommes par elles avancées en *achats d'effets d'habillement, objets de literie,* etc. En effet, ces *états*, de même que les *notes* de fournitures, même *non signées*, mises au dos des mandats (*V. Mandats*), ont pour objet de remplacer les *mémoires* des fournisseurs, et forment *titre* pour la dépense dans le sens de l'art. 12, L. 13 brum. an VII. Par suite, les quittances qui sont mises, non sur ces *états-mémoires timbrés*, mais sur des *mandats* de paiement *non timbrés*, sont en contravention à l'art. 12 de la loi précitée, lorsqu'il s'agit de dépense excédant 10 fr. (I. g. E. 454 et 1239, § 1er.) . . . . **(A.)**

BUREAUX DE BIENFAISANCE OU DE CHARITÉ. — SECOURS ET SUBVENTIONS. — Sont affranchies du timbre les quittances des sommes payées, *à titre de secours*, aux bureaux de bienfaisance ou de charité. (Art. 16 L. 13 brum. an VII; I. g. E. 1391.) . . **(E.)**

Il en est de même des quittances relatives aux *subventions* accordées aux bureaux de charité et aux institutions de bienfaisance, même à titre de *souscription*, pour contribuer à des œuvres de charité. (I. g. E. 1391, 1ʳᵉ partie, nº 9.) . . . . . . (**E.**)

BUREAUX DE BIENFAISANCE OU DE CHARITÉ. — Legs. —
                 Expéditions. — *V. Arrêtés des Préfets.*
    —   Mémoires. — *Résumé.* — *V. Econome.*
    —   Subventions. — *V. Chemins vicinaux.*
    —   Mémoires et factures. — *V. Mandats.*

BUREAUX D'ENREGISTREMENT. — Paiement des droits. —
C'est aux bureaux dans l'arrondissement desquels ils exercent leurs fonctions, que les greffiers et secrétaires des administrations centrales et municipales (*les préfets et les maires*) doivent faire enregistrer leurs actes, et payer les droits dus pour ces actes. (*V. Droits d'enregistrement.*) (Art. 26 et 29 L. 22 frim. an VII.)

C'est aussi à ces bureaux qu'ils doivent faire viser leurs *répertoires,* et remettre les *notices de décès.* (V. ces mots.) (Art. 51 et 55 même loi.)

C.

CAHIER DES CHARGES ADMINISTRATIF. — Minute. — *Expédition.* — Les originaux des cahiers des charges rédigés dans l'intérêt des communes et des établissements publics, revêtus de l'approbation de l'autorité supérieure et considérés *isolément* des procès-verbaux d'adjudications, ne sont sujets, par eux-mêmes, comme actes *purement administratifs,* ni au timbre ni à l'enregistrement. (D. m. fin. 28 janv. 1832; I. g. E. 1401 § 10.) . . . . (**E.**)

Toutefois les rédacteurs du Journal de l'enregistrement (art. 12998-2 et 15160-2), ainsi que le Rép. gén. nº 2322, ont émis un avis contraire. Quoi qu'il en soit, la copie ou expédition *annexée* au procès-verbal d'adjudication ou *produite* à l'appui des comptes des Receveurs municipaux, doit être sur timbre à 1 fr. 25 c., attendu qu'elle forme *titre.* (I. g. E. 1401 § 10.) . . . . (**A.**)

Comme aussi, le cahier des charges doit être *timbré,* s'il est placé en tête du procès-verbal d'adjudication, attendu qu'il fait alors *partie* de ce procès-verbal. (Sol. 30 nov. 1833; Rép. gén. nº 2322.)   (**A.**)

CAHIER DES CHARGES. — Adjudications. — *V. Expéditions.*
    —   Soumission. — *V. Acte à la suite.*
    —   Vente mobilière. — *V. Acte à la suite.*

CAISSE D'ÉPARGNE. — Registres. — *Livrets, Procurations, Quittances.* — Sont exempts du timbre les registres et livrets de la caisse d'épargne, ainsi que les quittances données pour dépôts ou retirements de fonds. (Art. 9 L. 5 juin 1835 ; J. E. 11240 ; I. g. E. 1492.) . . . . **(E.)**

Mais la quittance *notariée* que doit donner la partie, *lorsqu'elle ne sait pas signer,* y est assujettie. (I. g. E. 1490 § 11.) . . . **(A.)**

Les dons et legs faits aux caisses d'épargne sont assujettis aux droits ordinaires de timbre et d'enregistrement. (I. g. E. 1492.) **(A.)**

Les administrateurs des caisses d'épargne n'étant pas une *autorité constituée,* les procurations *s. s. p.* rédigées sur timbre peuvent être admises par eux, sans qu'il soit nécessaire de les faire *enregistrer.* (D. m. fin. 11 oct. 1834 ; J. E. 11027 ; I. g. E. 1490 § 11.)

CAISSE D'ÉPARGNE ET DE RETRAITES. — Retenues. — *V. Instituteurs.*

CAISSE DE RETRAITE POUR LA VIEILLESSE. — Pièces. — Sont exempts de tout droit de timbre et d'enregistrement les certificats, actes de notoriété et autres pièces *exclusivement* relatives à cette caisse. Ils doivent être enregistrés *gratis,* quand il y a lieu, à charge de faire *mention* de leur destination. (L. 18 juin 1850, art. 11 ; I. g. E. 1880.). . . . . **(E.)**

Il en est de même des certificats de vie à produire par les titulaires, et des pièces à fournir par leurs *héritiers* pour toucher soit les arrérages, soit les capitaux versés. (D. m. fin. 7 fév. 1853 ; I. g. E. 1960 § 2.) . . . . **(E.)**

Les bordereaux délivrés par les agents de change pour achats de rentes au profit de cette caisse, sont également exempts du timbre. (D. m. fin. 28 sept. 1850 ; J. E. 15032.) . . . . **(E.)**

CAISSE DES DÉPOTS ET CONSIGNATIONS. — Dépôt de garantie. — Sont assujettis au timbre (art. 12 L. 13 brum. an VII) les récépissés des versements faits à la caisse des dépôts et consignations, à titre de *dépôt de garantie,* par les soumissionnaires de travaux ou fournitures pour le compte de l'État ou des départements. Il en est de même des déclarations de ces versements délivrées aux adjudicataires. (D. m. fin. 13 déc. 1851 ; J. E. 15347-3.) **(A.)**

CAISSE DES DÉPOTS ET CONSIGNATIONS. — Prêts sur nantissement. — Les prêts faits aux communes et aux établissements publics par la Caisse des dépôts et consignations, sur nantissement d'effets publics ou de toute autre manière, sont, comme les prêts faits par les simples particuliers, passibles du droit d'obligation. (D. m. fin. 1er déc. 1832, 29 mai 1833; J. E. 10515 et 10617.) (*A.*)

CAISSE DES DÉPOTS ET CONSIGNATIONS. — RÉCÉPISSÉS. — *Timbre, Enregistrement.* — Les récépissés à talons délivrés aux déposants par cette Caisse doivent être timbrés à l'extraordinaire ou visés pour timbre, avant leur délivrance, et d'après leur dimension, *abstraction faite de celle du talon.* (D. m. fin. 23 sept. 1851; J. E. 15279-2.) . . . . (*A.*)

D'après l'art. 3, L. 28 niv. an XIII, ils doivent être enregistrés dans les cinq jours de leur date. Mais ce délai n'est fixé que pour assurer le recours des déposants contre la Caisse. Il n'y a d'obligation *fiscale* de les faire *enregistrer,* que lorsqu'on veut en faire *usage* en justice ou par acte public. (Rép. gén. no 2334.)

CAISSE DES DÉPOTS ET CONSIGNATIONS. — *V. Emprunts.*
V. Fonds versés.

CAISSES ET ARMES. — ENTRETIEN ET RÉPARATION. — *Quittances.* — Sont passibles du timbre les quittances de sommes excédant 10 fr., payées, même à titre d'*abonnement,* pour l'entretien et la réparation des caisses et armes de la commune; les dépenses de l'espèce étant à la charge des communes d'après la loi du 22 mars 1831, sur la garde nationale. (I. g. E. 1422 § 16.) . . . . (*A.*)

Quant aux quittances pour loyer, chauffage et éclairage des corps-de-garde. (*V. Garde nationale.*)

CALAMITÉS PUBLIQUES. — SECOURS. — *Indigents.—V. Mandats.*

CANTONNIERS. — CHEMINS VICINAUX. — *Traitements, Salaires.* — Les quittances de *traitements* données par les cantonniers des chemins vicinaux et de grande communication, ne sont assujettis au timbre qu'autant que le *traitement annuel excède 300 fr. (V. Quittances.)* (D. m. fin. 18 déc. 1843: I. g. E. 1700 et 1768.) . . (**E.**)

S'il ne s'agit pas d'un traitement, mais d'un *salaire* alloué par la commune à un cantonnier ou à un agent-voyer pour des travaux *temporaires* sur un chemin vicinal, le droit de timbre est exigible pour toute quittance de somme excédant 10 fr. (J. E. 13514-5.) *(V. Chemins vicinaux.)* . . . . (*A.*)

CAUTIONNEMENTS. — COMPTABLES PUBLICS. — *Timbre, Enregistrement.* — Sont exempts de timbre et d'enregistrement les récépissés délivrés aux comptables, officiers et fonctionnaires *publics,* lors du versement en *numéraire* de leurs cautionnements. (Art. 70 § 3, no 7; L. 22 frim. an 7.) . . . . (**E.**)

Mais les garanties ou *cautions* fournies à l'Etat par des *tiers*, ex-cepté les bailleurs de fonds, à raison de ces cautionnements, sont passibles du droit de timbre de dimension, et du droit d'enregistre-ment de » 25 cent. %. Il en est dé même des cautionnements en *immeubles* fournis par les comptables *publics*. (Art. 69 § 2, n° 8, même loi.). . . . : . . . . (A.)

Par application de cet article, le cautionnement en *immeubles* fourni par l'économe d'un *lycée impérial* n'est sujet qu'au droit de » 25 cent. % (J. E. 6773); tandis que celui fourni par le Receveur d'un *hospice* ou d'un *bureau de bienfaisance*, est passible du droit de » 50 cent. %, comme n'étant pas fourni par un *comptable public*. (I. g. E. 1425 § 4.)

Cette dernière règle s'applique aux cautionnements en immeubles versés par les *Receveurs municipaux*. Mais s'ils sont en même temps *percepteurs*, leurs cautionnements ne sont soumis qu'au droit de » 25 cent. %. (J. E. 11499-3.)

CAUTIONNEMENTS. — OBLIGATIONS. — *Trésor*. — Les *obliga-tions* souscrites pour les cautionnements ou suppléments de caution-nements en numéraire fournis à l'Etat par les comptables publics doivent être écrites sur papier de timbre proportionnel. (D. m. fin. 31 août 1816; I. g. E. 743.). . . . . (A.)

CAUTIONNEMENTS. — DÉPÔTS DE SOMMES. — *V. Caisse des Dépôts.*
—   —   *V. Certificat.*
—   REMBOURSEMENT. —   *V. Entrepreneurs.*

CENS ET RENTES. — ÉTATS EXÉCUTOIRES. — Lorsqu'une com-mune n'a pas de *titre* régulier pour percevoir les sommes à elles dues pour cens et rentes ou pour poursuivre les débiteurs, elle peut y suppléer par des *états* dressés dans les formes voulues par l'art. 63 de la loi du 18 juillet 1837, lesquels doivent être soumis au timbre, s'ils forment *titres exécutoires* contre des débiteurs. *(V. Etats exé-cutoires.)* . . . . (A.)

Ils en sont exempts si ces états, non rendus exécutoires, ne sont produits que pour *l'ordre de la comptabilité. (V. Titres de re-cettes.)* (I. g. E. 1752.) . . . . (**E.**)

CENTIMES COMMUNAUX. — QUITTANCES. — Sont affranchies du timbre les quittances données aux Receveurs des finances et aux Payeurs du trésor, par les Receveurs des communes par suite du paiement des centimes communaux ordinaires et extraordinaires votés par ces communes, et recouvrés comme les *contributions di-rectes.* (I. g. E. 1391.) . . . . (**E.**)

CENTIMES ET PRODUITS COMMUNAUX. — *V. Quittances.*
—   — ·   *V. Taxes.*

CERTIFICATS. — Tout certificat délivré par le Maire, dans l'intérêt des communes, des établissements publics ou des particuliers, est assujetti au timbre. (Art. 12 de la loi du 13 brum. an VII.)   (*A.*)

CERTIFICATS DE CAPACITÉ. — Les certificats de capacité délivrés aux entrepreneurs concourant aux adjudications de travaux et fournitures, pour le compte des communes et des établissements publics, sont, *comme mesures d'ordre,* exempts de timbre. (Sol. 5 mars 1836 contraire à l'I. g. E. 1391; Rép. gén. n° 5964-1.) .   (**E.**)

CERTIFICATS. — CHEVAUX. — *Haras.* — Sont assujettis au timbre les certificats attestant la remise des chevaux et autres animaux achetés pour le service des haras, dépôts d'étalons et bergeries de l'État, lorsqu'ils sont délivrés aux vendeurs par les chefs et directeurs de ces établissements. (I. g. E. 1391.). .   .   .   .   (*A.*)

CERTIFICAT. — DÉPÔT DE CAUTIONNEMENT. — *Entrepreneurs.*— Est exempt de timbre, comme *mesure d'ordre,* le certificat de dépôt de cautionnement, exigé par l'autorité administrative de tout entrepreneur soumissionnaire de travaux publics. (Sol. 5 mars 1836; Rép. gén. n° 3964-2.). .   .   .   .   (**E.**)
Mais les certificats d'opposition ou de non opposition sur ces cautionnements délivrés aux entrepreneurs, y sont assujettis. (Dél. 1er mai 1827; J. E. 8769.) .   .   .   .   (*A.*)

CERTIFICATS D'INDIGENCE. — Ils sont exempts de tout droit, lorsque l'indigence y est formellement constatée. (Art. 16 L. 13 brum. an VII.). .   .   .   .   (**E.**)

CERTIFICATS DE NOTORIÉTÉ ET DE BONNES VIE ET MŒURS. — Ils sont passibles du timbre. (Art. 12 de la loi du 13 brumaire an VII.). .   .   .   .   (*A.*)
Toutefois ceux délivrés à des *indigents* en sont exempts. (L. des 18 et 27 nov. et 10 déc. 1850, art. 4.). .   .   .   .   (**E.**)

CERTIFICATS DE *QUITUS.* — Les certificats de *quitus administratifs* délivrés aux comptables pour qu'ils puissent obtenir le remboursement de leurs cautionnements, sont dispensés du timbre. (Ord. 22 mai 1825; I. g. E. 1171.). .   .   .   .   (**E.**)

CERTIFICATS DE VIE. — PENSIONNAIRES. — *Indigents.* — Sont assujettis au timbre les certificats de vie délivrés aux pensionnaires des divers services spéciaux, aux colons et réfugiés, pour qu'ils puissent toucher les arrérages de leurs pensions. (D. m. fin. 31 déc. 1827; I. g. E. 1231 § 3, et 1391.)ʼ . . . . (*A*.)

Mais ceux délivrés à des *indigents*, même par les *notaires*, en sont exempts, s'ils sont accompagnés d'un certificat d'indigence. (I. g. E. 1231 § 3.) . . . . (**E**.)

CERTIFICATS. — Enrôlements volontaires. — Ceux délivrés pour engagements ou enrôlements volontaires au service militaire, sont affranchis du timbre. (Art. 16 de la loi du 13 brum. an VII.) (**E**.)

CERTIFICATS. — Hypothèques. — *Radiation*. — Sont soumis au timbre les certificats de radiation ou de non inscription d'hypothèques, délivrés par les conservateurs toutes les fois que la production par les vendeurs en est jugée nécessaire. (I. g. E. 1391.) (*A*.)

CERTIFICATS D'EXERCICE. — Instituteurs primaires. — Sont exempts du timbre les certificats d'exercice délivrés aux instituteurs primaires par les Maires ou les membres du comité local de surveillance, pour qu'ils puissent toucher leurs traitements, en raison de la durée de leurs fonctions.. (D. m. fin. 26 sept. 1837; J. E. 11904-1.) . . . . (**E**.)

CERTIFICATS. — Loups. — *Primes, Quittances*. — Les certificats délivrés pour toucher les primes accordées pour la destruction des loups, doivent être faits sur papier timbré. (Sol. 17 avril 1840.)   (*A.*)

Les quittances de ces primes sont également sujettes au timbre, lorsqu'elles excèdent 10 fr. (Art. 12 L. 13 brum. an VII.).   (*A.*)

CERTIFICATS. — Non-opposition. — *Mariages*. — Sont assujettis au timbre les certificats de non-opposition au mariage, délivrés par les officiers de l'état-civil. (J. E. 1589 et 1604.) . .   (*A*.)

CERTIFICATS. — Officiers de l'état civil. — *Mariages*. — Les certificats délivrés par les officiers de l'état civil, et destinés aux ministres des cultes pour autoriser la célébration religieuse des mariages, en vertu de la loi du 18 germinal an X, art. 54, sont assujettis au timbre de » 35 cent. (D. m. fin. 27 avril 1839; J. E. 12524; I. g. E. 1822.). . . . . (*A.*)

Toutefois ceux délivrés aux *indigents*, de même que toutes les pièces nécessaires pour la légitimation de leurs enfants, en sont exempts. (L. des 18 et 27 novembre et 10 décembre 1850, art. 4.) . . (**E**.)

CERTIFICATS. — Remplacement militaire. — *Libération*. — Les certificats d'exemption ou de libération délivrés aux jeunes gens qui désirent *remplacer* au service militaire, sont soumis au timbre. (D. m. fin. 24 septembre 1835; I. g. E. 1489 et 1504 § 12.) . (*A.*)

Il en est de même de tous les certificats constatant l'exemption ou
la libération du service militaire. Ils doivent être écrits sur papier
timbré, ou timbré à l'extraordinaire *avant leur rédaction*. (D. m. fin.
4 décembre 1847; J. E. 14929-10.) . . . . *(A.)*

CERTIFICATS. — SERVICE MILITAIRE. — *Registres matricules.* —
Ceux délivrés pour établir les registres matricules des régiments,
sont exempts de timbre. (D. m. fin. 17 décembre 1819; art. 16 de la
loi du 13 brumaire an VII.). . . . . **(E.)**

CERTIFICATS. — SERVICES. — *Pensions.* — Les certificats que
les employés des diverses administrations doivent fournir pour constater la durée de leurs services, à l'appui de leurs demandes en
liquidation de pensions de retraites, sont sujets au timbre. (I. g. E.
1176.) . . . . **(A.)**

CERTIFICATS. — TRAVAUX COMMUNAUX. — *Situation, Réception.*
— Sont assujettis au timbre les certificats de situation, d'achèvement
ou de réception des travaux et ouvrages exécutés pour le compte
des communes et des établissements publics, quand ils sont délivrés
par des architectes, agents-voyers et autres gens de l'art. (D. m. fin.
19 et 26 juillet 1842; J. E. 13035-4.). . . . . *(A.)*

S'ils étaient délivrés par des conseillers municipaux délégués à
cet effet, on pourrait les considérer comme *actes d'administration*
exempts du timbre. (J. E. 12031-1.). . . . . **(E.)**

CERTIFICATS. — TRAVAUX PUBLICS. — Les *certificats pour
paiement* délivrés aux entrepreneurs par les ingénieurs des ponts-
et-chaussées, architectes et autres agents préposés à la surveillance
des *travaux publics*, exécutés à la charge de l'État, sont affranchis
du timbre lorsqu'ils ont seulement pour objet de constater le *droit
au paiement*. (I. g. E. 1391, 1re partie, n° 6.). . . . . . . **(E.)**

CERTIFICATS. — TRAVAIL DES ENFANTS. — *Manufactures.* — Les
certificats pour constater l'âge des enfants employés dans les manufactures et usines, relativement aux heures de travail, sont exempts
de timbre. (L. 22 mars 1841, art. 2; J. E. 12711-5.). . . . . **(E.)**

CHASSE. — Amendes attribuées aux communes. — Sont affranchis du timbre, les états des amendes de chasse attribuées aux communes, certifiés par le maire et joints aux comptes à l'appui des recettes de l'espèce. Il en est de même pour les quittances données aux Receveurs de l'enregistrement, par suite du paiement de ces amendes. (I. g. E. 1391.) . . . . **(E.)**

CHASSE. — *V. Permis.*

CHAUFFAGE. — Écoles. — *V. Instituteurs.*

CHEMINS VICINAUX. — Ce sont ceux que le Préfet a déclarés nécessaires à la généralité des habitants d'une ou plusieurs communes, et dont l'entretien est pour elles *obligatoire.* Ils se divisent en chemins de *petite vicinalité*, et en chemins de *grande communication*, et sont régis par des réglements spéciaux. Mais les questions d'enregistrement et de timbre qui s'y rapportent sont communes aux deux catégories.

La loi du 21 mai 1836 a mis à la charge des communes la totalité des dépenses nécessitées par l'entretien des chemins vicinaux.

CHEMINS VICINAUX. — Actes. — *Timbre, Enregistrement.* — Les actes administratifs ou s. s. p. relatifs aux chemins vicinaux, qui ne contiennent ni transmission de propriété, de jouissance ou d'usufruit, ni adjudications ou marchés ni cautionnements y relatifs, sont *exempts* du timbre sur la minute, et de l'enregistrement tant sur la minute que sur l'expédition, par application des art. 78 et 80 (L. 15 mai 1818); excepté quand il en est fait *usage* par acte public, ou en justice, ou devant toute autorité constituée, ou quand ils forment *titres* dans les comptes des Receveurs. (Art. 23 L. 22 frim. an VII; I. g. E. 1627.). . . . . **(E.)**

CHEMINS VICINAUX. — Actes d'acquisition ou d'échange. — *Visa en débet.* — Les papiers destinés aux actes d'acquisition ou d'échange de terrains pour les chemins vicinaux, peuvent être visés pour timbre *en débet*, sous la condition que les droits de timbre seront payés *en même temps* que ceux d'enregistrement, au moment de cette formalité, laquelle est toujours obligatoire en cas d'*approbation* des actes par l'autorité supérieure. (D. m. fin. 13 juillet 1844; I. g. E. 1755 § 17, qui abroge celle 1627.) . . . . . . *(A.)*

CHEMINS VICINAUX. — Acquisitions de gré a gré. — Sont sujets au timbre, en matière d'acquisitions de gré à gré d'immeubles pour les chemins vicinaux : 1° la copie ou l'extrait de la convention passée entre le Maire et le propriétaire; 2° la quittance donnée par le vendeur. . . . . *(A.)*

Sont exempts du timbre : 1° la délibération du Conseil municipal ou du Conseil général, selon qu'il s'agit de grande ou de petite communication; 2° l'arrêté d'autorisation du Préfet; 3° la justification de la purge des hypothèques. (I. m. de l'Int. 30 nov. 1840, p. 295, § 7, et 297, § 5.). . . . . **(E.)**

CHEMINS VICINAUX. — AGENTS-VOYERS. — *Salaires*. — Sont assujetties au timbre les quittances des sommes payées aux agents-voyers par les communes pour honoraires ou salaires de surveillance des travaux exécutés sur les chemins vicinaux, toutes les fois que la dépense excède 10 fr., parce qu'il s'agit, dans ce cas, non de traitements, mais de *salaires*. (Art. 12 L. 13 brum. an VII; J. E. art. 13514-5 et 14461-3.). . . . . **(A.)**

S'il s'agit d'un *traitement* annuel (*V. Quittances*).

CHEMINS VICINAUX. — CESSIONS DE TERRAINS AUX RIVERAINS. — Les cessions faites aux riverains des chemins vicinaux, en vertu de l'art. 19 de la loi du 21 mai 1836, des portions de terrains retranchées de la voie publique, sont comme les ventes ordinaires assujetties au timbre, et au droit d'enregistrement de 5 fr. 50 c. °/₀ sur le prix de la cession. (I. g. E. 860; D. m. fin. 7 nov 1850; J. E. 15051.). . . . . **(A.)**

CHEMINS VICINAUX. — CONSTRUCTION, RÉPARATION, ENTRETIEN. — Sont sujets au timbre et au droit fixe d'enregistrement de 1 fr. quand il y a lieu, les plans, procès-verbaux, certificats, significations, jugements, contrats, marchés, adjudications de travaux, quittances et autres actes ayant pour objet *exclusif* la construction, la réparation et l'entretien des chemins vicinaux. (Art. 20 L. 21 mai 1836; I. g. E. 1768.). . . . . **(A.)**

CHEMINS VICINAUX. — DEVIS. — *Marchés administratifs*. — Sont passibles du timbre les devis dressés par les agents-voyers et *approuvés* par l'autorité supérieure, des travaux à exécuter par régie et sans atelier de charité, sur les chemins vicinaux, pour l'emploi des prestations en argent. Mais ils ne doivent être *enregistrés* qu'autant qu'ils constituent des *marchés administratifs*, ou qu'ils doivent être *suivis d'adjudication*. Dans ce cas, on ne pourrait se dispenser de les faire timbrer et enregistrer, lors même qu'ils ne seraient pas joints aux mandats de paiement, mais seulement *rappelés* dans les procès-verbaux de réception annexés à ces mandats (J. E. 13473-2 et 3.). . . . . **(A.)**

4

CHEMINS VICINAUX. — PLANS ET DEVIS. — *Visa pour timbre.* —
Les plans et devis relatifs aux travaux des communes et des établissements publics, notamment pour les chemins vicinaux, peuvent
n'être présentés au timbre extraordinaire ou au visa pour timbre,
qu'après avoir reçu l'approbation de l'autorité compétente.

Toutefois l'amende de 10 fr. prononcée par l'art. 41 L. 22 frim.
an VII, serait encourue, s'il était procédé à l'adjudication des travaux
avant que les plans et devis, *dûment approuvés,* eussent acquitté les
droits de timbre et d'enregistrement. (D. m. fin. 8 juin 1852; I. g. E.
1929 § 7.) . . . . (*A.*)

CHEMINS VICINAUX. — EXPÉDITIONS D'ARRÊTÉS D'AUTORISATION.
— Les expéditions des arrêtés des Préfets portant autorisation d'acquérir ou d'aliéner des terrains relatifs aux chemins vicinaux,
doivent être délivrées sur papier timbré à 1 fr. 25 c., excepté en
matière d'*expropriation* pour cause d'utilité publique. (D. m. fin.
24 fév. 1837; J. E. 11817.) . . . . (*A.*)

On ne peut admettre, sans amende, au timbre extraordinaire ou
au visa pour timbre, les expéditions de l'espèce, *après qu'elles ont
été délivrées.* C'est au maire à donner des copies *sur timbre* des
expéditions non timbrées qui lui sont délivrées *administrativement.*
(D. m. fin. 24 fév. 1837; Rép. gén. n° 2706.) (*V. Archives.*)

CHEMINS VICINAUX. — EXPROPRIATION. — *Actes d'acquisition.*
— Par application de l'art. 58 L. 3 mai 1841, sur l'expropriation
pour cause d'utilité publique, on doit viser pour timbre et enregistrer *gratis,* quand il y a lieu, tous les actes et expéditions d'actes
concernant les chemins vicinaux, et qui ont pour objet les *expro-
priations* ou *acquisitions* de terrains pour la construction et la recti-
fication de ces chemins . . . . (*E.*)

Cette exemption s'applique aussi bien aux acquisitions *amiables*
qu'aux *jugements* d'expropriation, mais elle ne peut être invoquée
que lorsqu'il s'agit réellement d'*acquisitions d'immeubles* par *expropriation,* pour cause d'*utilité publique,* et que toutes les formalités
prescrites par la loi du 3 mai 1841 ont été remplies; lesquelles
comprennent, notamment, l'*arrêté du Préfet désignant les parcelles
à exproprier.*

Elle ne peut d'ailleurs être étendue aux *marchés* et *adjudications
de travaux* qui restent toujours en dehors de la loi d'expropriation.

Enfin, hors le cas d'expropriation, tous les actes ayant pour objet
exclusif la construction, l'entretien et la réparation des chemins
vicinaux, sont passibles du timbre de dimension et du droit fixe de
1 fr. lors de l'enregistrement. (Art. 20 L. 21 mai 1836 ; I. g. E. 1768.)

CHEMINS VICINAUX. — Expropriation. — *Expéditions, Quittances.* — L'exemption du droit de timbre prononcée par l'art. 58 de la loi du 3 mai 1841 sur l'*expropriation* pour cause d'utilité publique est *absolue*, lorsqu'il s'agit d'*acquisitions* d'immeubles pour les chemins vicinaux, après l'accomplissement de toutes les formalités prescrites par cette loi. Elle s'applique aux actes soumis à l'enregistrement, *comme à ceux qui n'y sont pas assujettis*, tels que mandats de paiements, certificats, *expéditions* et *quittances* de toute nature. (I. g. E. 1768; J. E. 14131-1.) . . . . **(E.)**

Mais lorsque les travaux n'ont été ni adjugés ni exécutés en vertu de la loi de 1841, les mandats de paiement délivrés aux entrepreneurs pour prix de ces travaux et *quittancés*, de même que les quittances annexées à ces mandats, sont assujettis au timbre. (J. E. 14131-2 et 3.). . . . . **(A.)**

CHEMINS VICINAUX. — Fournitures de matériaux. — *Quittances.* — Les quittances des fournisseurs de matériaux destinés aux chemins vicinaux sont soumises au timbre, lorsqu'elles excèdent 10 fr. (D. m. fin. 9 octobre 1835; I. g. E. 1513 § 12.) . . . **(A.)**

Ne sont pas considérés comme *fournisseurs*, les ouvriers *indigents* employés à l'extraction de pierres, par *atelier de charité* . . **(E.)**

CHEMINS VICINAUX. — Ouvriers indigents. — Les quittances données aux Receveurs municipaux par des ouvriers *indigents* employés aux travaux des chemins vicinaux, même pour sommes excédant dix francs, sont exemptes du timbre, *si l'indigence est constatée*, et s'il n'y a ni entrepreneur ni fournisseur. (D. m. fin. 9 octobre 1835; I. g. E. 1513 § 12; J. E. 11375-4.). . . . **(E.)**

CHEMINS VICINAUX. — Ouvriers blessés. — *Secours.* — Sont exemptes du timbre toutes les pièces à produire en pareil cas, savoir: 1° certificat de l'Ingénieur; 2° quittance de l'ouvrier. (Inst. m. de l'Int. 30 nov. 1840, p. 295, § 14.) . . . . **(E.)**

CHEMINS VICINAUX. — Prestations. — *Frais de poursuites.* — Les quittances de prestations en nature ou en argent sont exemptes du timbre. (I. g. E. 1391.) Mais les états, pour sommes excédant 10 fr., de frais de poursuites dirigées contre les redevables de prestations relatives aux chemins vicinaux, lesquels constatent le montant de la dette des communes envers les agents qui ont été chargés des poursuites, sont assujettis au timbre, parce que ces états, *quittancés* par les parties prenantes, sont de véritables *pièces comptables*, établissant la libération des communes. Une D. m. fin. 27 oct. 1837 paraissait décider le contraire. (D. m. fin. 6 mai 1842; Rép. gén. 2716.) **(A.)**

CHEMINS VICINAUX. — Procès-verbal d'estimation. — *Adhésion, Amende.* — Lorsque les propriétaires riverains d'un chemin vicinal signent leur adhésion *à la suite* du procès-verbal d'estimation dressé par l'agent-voyer, il est dû autant d'amendes de contravention à l'art. 23 de la loi du 13 brum. an VII qu'il y a d'actes d'adhésion; il fallait autant d'actes *séparés* que d'adhésions *distinctes.* (Sol. 11 mars 1841; Rép. gén. n° 2702.)

CHEMINS VICINAUX. — Procès-verbaux de contravention. — Les procès-verbaux de contravention dressés par les agents-voyers doivent être visés pour timbre et enregistrés en *débet,* dans le délai de quatre jours, à peine de 5 fr. d'amende. (Art. 20 et 34 L. 22 frim. an VII, et 74 de celle du 25 mars 1817; I. g. E. 1562 § 4.). *(A.)*

CHEMINS VICINAUX. — Réception de travaux. — *Agents-voyers.* — Sont assujettis au timbre, comme pièces justificatives des dépenses, les procès-verbaux de réception définitive des travaux exécutés sur les chemins vicinaux, rédigés par les agents-voyers qui ont dirigé ou surveillé ces travaux, lorsque ces procès-verbaux ont reçu l'*approbation* de l'autorité supérieure; mais ils sont exempts d'enregistrement. (J. E. 13473-3.). . . . . *(A.)*

Les procès-verbaux de l'espèce seraient exempts de timbre, s'ils étaient rédigés par des conseillers municipaux délégués à cet effet. (J. E. 12031-1.) . . . . *(E.)*

CHEMINS VICINAUX. — Expertises. — *Frais.* — Sont sujets au timbre, en matière de chemins vicinaux : 1° l'état des journées de travail des experts, indiquant le prix fixé pour chaque journée, réglé par l'Ingénieur et arrêté par le Préfet; 2° la quittance mise sur le mandat, si la dépense excède 10 fr. (Inst. m. de l'Int. 30 nov. 1840, p. 297, § 14.) . . . . *(A.)*

Il y aurait exemption, si l'expert était un agent de l'administration. (J. E. 12031-1.). . . . . *(E.)*

CHEMINS VICINAUX. — Surveillants. — *Salaires.* — Les quittances, au-dessus de 10 fr., de sommes payées par les communes pour *salaires* aux surveillants de travaux de prestations en nature ou autres exécutés sur les chemins vicinaux, sont assujetties au timbre, lorsque ces surveillants ne sont pas *rétribués à l'année,* et ne touchent pas, *à ce titre,* un *traitement inférieur à 300 fr.* (J. E. 13078-6.) . . . . *(A.)*

CHEMINS VICINAUX. — Subventions ou secours. — Sont sujettes au timbre les quittances données par les Receveurs municipaux aux Payeurs et autres agents du Trésor public pour *subventions* ou *secours* accordés par l'État ou le département aux communes pour l'entretien et la réparation des chemins vicinaux, lors même que des *indigents* doivent être employés à ces travaux. Le timbre est à la charge des communes. (I. g. E. 1513 § 12.). . . . . . . (A.)

CHEMINS VICINAUX. — Travaux a l'entreprise. — En matière de travaux faits à l'*entreprise* sur les chemins vicinaux :

Premièrement. *Pour le premier à-compte*, sont assujettis au timbre : 1° la copie ou l'extrait certifié des marchés, traités, soumissions, cahier des charges et procès-verbaux d'adjudication ; 2° lorsqu'il y a lieu, l'expédition ou extrait de l'acte de cautionnement et du bordereau de l'inscription hypothécaire ; 3° la quittance mise sur le mandat. . . . . (A.)

Mais le décompte provisoire établi par l'architecte et visé par le Préfet, est exempt du timbre . . . . (E.)

Deuxièmement. *Pour les à-compte subséquents*, la quittance mise sur le mandat est seule sujette au timbre. . . . . . . (A.)

Troisièmement. *Pour le paiement pour solde de l'entreprise*, sont soumis au timbre : 1° l'expédition du procès-verbal d'adjudication ou du marché ; 2° le devis estimatif de la dépense ; 3° le procès-verbal ou certificat de l'architecte visé par le Préfet, constatant la réception définitive ; 4° la quittance de l'entrepreneur sur le mandat. . . . . (A.)

Mais la copie du décompte détaillé de l'entreprise, certifiée par le Préfet, et l'arrêté définitif du Préfet, rappelant l'approbation du réglement, sont exempts du timbre. (Inst. m. de l'Int. 30 nov. 1840, p. 293, § 3.). . . . . (E.)

CHEMINS VICINAUX. — Travaux de charité. — Sont affranchies du timbre, même lorsqu'elles excèdent 10 fr., les quittances données aux Receveurs municipaux par des *indigents* employés aux travaux des chemins vicinaux par ateliers de charité, sauf l'application des règles ordinaires aux quittances pour *fournitures de matériaux*. (I. g. E. 1513 § 12.) . . . . (E.)

Mais le timbre est dû pour les *états* de salaires émargés par des ouvriers *non indigents*. (*V. États de journées*.) . . . . . (A.)

CHEMINS VICINAUX. — Travaux non adjugés. — En matière de travaux *non adjugés* sur les chemins vicinaux, sont assujettis au timbre : les mémoires et quittances des entrepreneurs ou fournisseurs, les états émargés des ouvriers non indigents employés à la journée ou à la tâche, réglés par l'architecte et arrêtés par le Préfet. (Inst. m. de l'Int. 30 nov. 1840, p. 293, § 2.). . . . . .   (*A.*)

CHEMINS VICINAUX. — TRAVAUX PAR RÉGIE OU ÉCONOMIE. — En matière de travaux faits *par régie* ou *économie* sur les chemins vicinaux, sont assujettis au timbre : 1º les copies des marchés qui règlent les fournitures; 2º les mémoires et factures quittancés par les fournisseurs; 3º les états d'émargements des ouvriers *non indigents*; 4º les certificats de réception des travaux. . . . .   (*A.*)

Sont exempts du timbre : 1º la copie de l'arrêté du Préfet qui autorise l'exécution des travaux par voie de régie ou d'économie; 2º la quittance du conducteur, piqueur ou régisseur, qui n'a pas d'*intérêt personnel*; 3º les états d'émargements des ouvriers *indigents*. (Inst. m. de l'Int. 30 nov. 1840.) . . . . . .   (**E.**)

CHEMINS VICINAUX. — CANTONNIERS. — *V. Cantonniers.*
—   OUVRIERS NON INDIGENTS. — *V. États de journées.*
—   RACHAT DE PRESTATIONS.—*V. Prestations.*
—   CERTIFICATS. — *V. Voirie vicinale.*

CHEMINÉES. — RAMONAGE. — *Quittances.* — Sont assujetties au timbre, lorsqu'elles excèdent 10 fr., les quittances données pour salaires de ramonage, même à titre d'*abonnement annuel;* ces *salaires* ne peuvent faire l'objet d'un *traitement.* (Art. 12 L. 13 brumaire an VII.). . . . .   (*A.*)

CHEMINÉES. — FOURS. — *Visites, Salaires.* — Sont assujetties au timbre les quittances au-dessus de 10 fr. données pour *salaires* de visite et surveillance des fours et cheminées, même par abonnement. (D. m. fin. 17 oct. 1809; I. g. E. 454 et 1391.). . .   (*A.*)
S'il s'agit d'un *traitement.* (*V. Quittances.*)

CHOLÉRA. — DÉPENSES. — *Indigents.* — Sont exempts du timbre les états, mémoires, mandats, quittances et généralement toutes les pièces remises aux Receveurs municipaux et produites par eux pour justifier de l'emploi des sommes accordées, à titre de secours, aux *indigents* atteints du choléra-morbus, pourvu que l'origine de la dépense y soit rappelée. (D. m. fin. 23 oct. 1832.). . . .   (**E.**)

CIMETIÈRES. — CONCESSIONS DE TERRAINS. — *États récapitulatifs.* — Les actes de concessions de terrains dans les cimetières, *approuvés* par l'autorité supérieure, sont des *actes administratifs* assujettis au timbre et à l'enregistrement dans les vingt jours de la date de la réception à la mairie de l'arrêté d'approbation. (Art. 78 L. 15 mai 1818; I. g. E. 1757.). . . . . *(A.)*

Les expéditions qui sont jointes aux comptes des Receveurs pour justifier de la recette du prix des concessions de l'espèce ne peuvent être délivrées que sur papier timbré à 1 fr. 25 c. (Art. 80 L. 15 mai 1818.). . . . . *(A.)*

Mais le simple *état récapitulatif* joint au compte pour justifier *provisoirement* la recette, est exempt de timbre. (I. g. E. 1391 et 1752.) . . . . *(E.)*

CLOCHES. — SONNERIE CIVILE. — *Salaire.* — Les quittances données aux Receveurs municipaux par les personnes chargées de sonner les cloches, même par *abonnement annuel,* sont sujettes au timbre lorsque le *salaire* dépasse 10 fr. (D. m. fin. 16 févr. 1835; J. E. 11212.) . . . . *(A.)*

Les dépenses de l'espèce ne peuvent pas faire l'objet d'un *traitement.*

COLLÉGES. — COMPTABILITÉ. — *Timbre.* — Sont assujettis au timbre les mémoires, factures, quittances et autres pièces concernant la comptabilité des colléges communaux. (D. m. fin. 17 juin 1826; I. g. E. 1239 § 2.), ... *(A.)*

COLLÉGES. — LYCÉES. — *Bourses et pensions.* — Sont assujetties au timbre les quittances données aux Receveurs des communes et des établissements publics à raison des bourses et pensions qu'ils paient dans les lycées ou colléges. (I. g. E. 454; D. m. fin. 31 mars 1812; J. E. 4685.) . . . . *(A.)*

Il en est de même pour les *états nominatifs* des boursiers de l'État, que dressent les directeurs des colléges communaux, pour obtenir le paiement des bourses et pensions. (I. g. E. 1391.)   *(A.)*

COLLÉGES. — LYCÉES. — PETITS SÉMINAIRES. — *Registres, Timbre.* — Sont assujettis au timbre les registres des recettes et des dépenses des lycées, colléges communaux et petits séminaires, ainsi que tous les registres concernant l'administration *temporelle* et *extérieure* de ces établissements. (D. m. fin. 26 août 1820; I. g. E. 953, et 1187 § 16.) . . . . *(A.)*

COLLÉGES. — LYCÉES. — *Droits universitaires, Registres, Quittances.* — Sont affranchis du timbre les registres de recette de la rétribution universitaire que tiennent les receveurs des lycées et colléges communaux. (I. g. E. 1239 § 2.). . . . . *(E.)*

Mais les quittances des rétributions et droits universitaires *de toute nature,* sont assujetties au timbre, lorsqu'elles ont pour objet une

somme excédant 10 fr. (*V. Droits universitaires.*) (D. m. fin. 21 juil.
1847 et 6 nov. 1851; I. g. E. 1907.) . . . . (*A.*)

COLLÉGES. — Écoles ecclésiastiques. — *Prospectus, Timbre.*
— Les prospectus des colléges communaux et des écoles secondaires
ecclésiastiques, doivent jouir du bénéfice de l'exemption du timbre
accordée aux prospectus et catalogues d'objets relatifs aux sciences
et aux arts. (Art. 83 L. 15 mai 1818; D. m. fin. 9 janvier 1846;
I. g. E. 1767 § 16.) . . . . (**E.**)

COLONIES. — Timbre. — *V. Acte passé en conséquence.*
   —   —   *V. Visa pour timbre.*
   —   —   *V. Expéditions.*

COMICES AGRICOLES. — Primes. — *V. Quittances.*
   —   —   *V. Primes.*

COMMISSIONS. — Employés. — *Visa pour timbre.* — Sont soumis
au timbre de dimension les originaux des commissions et brevets de
tous agents et surnuméraires des administrations publiques. (I. g. E.
1256 § 11, et 1367.) Les Receveurs de l'enregistrement sont autorisés
à viser pour timbre, au comptant, les commissions des employés et
agents de ces administrations qui résident dans le ressort de leurs
bureaux. (D. m. fin. 7 avril 1852; I. g. E. 1918.) . . . . . (*A.*)
Si la commission est la *copie* de l'acte de nomination, c'est le droit
d'expédition à 1 fr. 25 c. qui lui est applicable. (Sol. 20 fév. 1838;
I. g. E. 1577 § 20.)

COMMISSIONNAIRES. — *V. Messagers.*

COMMUNES ET ÉTABLISSEMENTS PUBLICS. — Adjudications.
             — *V. Affiches.*
   —   Devis. — *V. Chemins vicinaux.*
   —   Dons et legs. — *V. Arrêtés des Préfets.*
   —   Obligations. — *V. Emprunts.*
   —   Subventions et secours. — *V. Écoles
          primaires.*

COMMUNES ET HOSPICES. — *V. Amendes attribuées.*

COMMUNICATION. — Actes et répertoires. — Afin que les
employés de l'enregistrement puissent surveiller l'exécution des lois
sur le timbre et l'enregistrement, les Receveurs des communes et
des établissements publics, les secrétaires des préfectures, sous-
préfectures et des mairies sont tenus de leur communiquer, sans
déplacement, outre le répertoire prescrit par l'art. 49, L. 22 frim.

an VII, tous les actes administratifs sujets au timbre et à l'enregistrement, d'après l'art. 78 de la loi du 15 mai 1818, ainsi que toutes les pièces de recettes et de dépenses annexées à leurs comptes; et de leur laisser prendre, sans frais, les renseignements, extraits et copies nécessaires aux intérêts du Trésor, à peine de 10 fr. d'amende pour refus constaté par le préposé qui, dans ce cas, requerra l'assistance du maire ou de l'adjoint. (Art. 52 L. 22 frim. an VII; art. 82 L. 15 mai 1818; J. E. 15445).

Sont réputés établissements publics tenus à la communication des actes et répertoires, outre les *communes* : 1º les bureaux et établissements de bienfaisance ou de charité. (I. g. E. 185 et 209.) 2º Les caisses d'épargnes pour les dons et legs seulement. (I. g. E. 1362 et 1399.) 3º Les chambres de commerce. (Sol. 11 juillet 1842.) 4º Les chambres de discipline. 5º Les chapitres. 6º Les colléges communaux et lycées. (I. g. E. 1187-16.) 7º Les congrégations et communautés religieuses. (I. g. E. 293.) 8º Les fabriques, pour les actes seulement. (I. g. E. 1210 § 14, et 1231 § 1.) 9º Les consistoires des églises protestantes. (C. Colmar, 13 nov. et 12 déc. 1833.) 10º Les grands et petits séminaires. (I. g. E. 1239 § 2.) 11º Les synagogues. (Déc. 4 mess. an XIII; I. g E. 293.) 12º Les hôpitaux et hospices. (I. g. E. 293.)

COMPTABILITÉ (ORDRE DE LA). — *V. Pièces comptables.*

COMPTABLES PUBLICS. — EXPÉDITIONS. — *V. Arrêtés-arrêts.*
     —   VERSEMENTS. — *V. Cautionnements.*
     —   FORCEMENTS EN RECETTE. — *V. Quittances.*

COMPTES. — EXPÉDITIONS. — *Visa pour timbre.* — Les comptes des percepteurs et autres comptables publics sont exempts du timbre. (L. 13 brum. an VII, art. 16, nº 1.). . . . . **(E.)**

Le double du compte des recettes et dépenses des communes et des établissements publics qui est *destiné au Receveur,* est seul assujetti au timbre. L'expédition qu'il *demande,* en cas de contestation, est également sujette au timbre. (Art. 1 et 12 de la même loi.) **(A.)**

Ce double peut être visé pour timbre dans les bureaux de l'enregistrement des chefs-lieux de sous-préfectures. (D. m. fin. 14 mai 1819 et 14 août 1825; I. g. E. 1180 § 9.) . . . . **(A.)**

Lorsque les cadres des comptes communaux sont imprimés de manière à présenter en tête une demi-feuille servant d'enveloppe et, à la fin, l'autre demi-feuille blanche, ces deux demi-feuilles qui forment la *feuille d'enveloppe,* ne faisant point partie du compte, et n'étant destinée à recevoir aucune écriture, sont exemptes du timbre . . . . **(E.)**

Mais il n'en est pas de même pour la demi-feuille *restée en blanc* à la suite des feuilles imprimées. Elle doit être timbrée, attendu qu'une fraction de feuille *non employée* ne peut donner lieu à une exemption ni à une diminution proportionnelle du droit de timbre établi en raison de la dimension. (D. m. fin. 30 août 1826; I. g. E. 1204 § 10.). . . . . (*A.*)

COMPTES DES RECEVEURS. — Pièces annexées. — *V. Vérification.*

COMPTES. — États annexés. — *V. Bordereaux.*
      —   Expéditions a l'appui. — *V. Expéditions.*
      —   Minutes annexées. — *V. Minutes.*

CONCESSIONS DE TERRAINS. — *V. Cimetières.*
      —   *V. Quittances.*

CONSEIL DE PRÉFECTURE. — Arrêtés. — *Expéditions.* — *V. Arrêtés.*

CONSISTOIRES PROTESTANTS. — Subventions. — *Quittances.* — Sont assujetties au timbre les quittances des subventions accordées aux Consistoires protestants par l'État, les départements ou les communes. (I. g. E. 1391.). . . . . (*A.*)

CONSULTATIONS. — Avocat. — *Timbre.* — Les consultations, mémoires, observations et précis signés par les hommes de loi, avocats et défenseurs officieux, sont sujets au timbre. (Art. 12 L. 13 brum. an VII; Dél. 29 déc. 1826.). . . . . (*A.*)

Cette prescription s'applique même aux consultations *gratuites* délivrées aux *indigents.* (I. g. E. 1303 § 19.) (*V. Assistance judiciaire.*) Alors même que la consultation n'est pas *produite en justice.* (I. g. E. 1615 § 13.). . . . . (*A.*)

En cas de contravention, l'amende est de 5 fr. pour chaque consultation ou écrit s. s. p., à la charge de l'avocat qui l'a signé. (Art. 26, n° 3, L. 13 brum. an VII; Dél. 17 sept. 1835; J. E. 11380.)

CONTRIBUTIONS DIRECTES. — Pétitions en dégrèvement. — Sont assujetties au timbre, mais seulement lorsqu'elles ont pour objet des sommes *excédant 30 fr.,* les pétitions en dégrèvement de *toutes* contributions directes, y compris celles personnelles, mobilières, des portes et fenêtres et des patentes. (Art. 28 L. 30 avril 1832.) . . . . (*A.*)

Il en est de même des procès-verbaux des experts, rédigés à la requête des contribuables, quelque modique que soit la réclamation. (D. m. fin. 22 germ. an XI; I. g. E. 137.) . . . . (*A.*)

Mais les procès-verbaux des contrôleurs, contenant l'avis des répartiteurs sur les demandes en dégrèvement, en sont exempts. (Circ. 1932.) . . . . **(E.)**

CONTRIBUTIONS DIRECTES. — RÔLES EXÉCUTOIRES. — *Extraits.* — Le recouvrement des contributions directes s'opère au moyen de *rôles* rendus *exécutoires*, lesquels sont exempts du timbre et de l'enregistrement, ainsi que les extraits qui en sont délivrés. (L. 13 brum. an VII, art. 13, n° 1, et 22 frim. an VII, art. 70, § 3, n° 6.) **(E.)**

Il en est de même : 1° des extraits des matrices des rôles, délivrés aux contribuables pour être produits à l'appui de leurs réclamations en dégrèvement; 2° des extraits ou copies des plans cadastraux, ayant le même objet. (D. m. fin. 18 germ. an VII; I. g. E. 137 et 1006.) . . . . **(E.)**

CONTRIBUTIONS DIRECTES. — RÔLES. — *Copies et extraits.* — Sont exempts du timbre : 1° les rôles des contributions publiques; 2° les avertissements adressés aux contribuables; 3° les quittances données aux contribuables, quel qu'en soit le montant. (L. 13 brum. an VII, art. 16; Circ. n° 1566.). . . . . **(E.)**

Il en est de même de tous les rôles de contributions directes et indirectes, ordinaires et extraordinaires, ayant pour objet le recouvrement des deniers de l'État, ainsi que les extraits de ces rôles constatant le montant des frais. (Même loi.). . . . . . . **(E.)**

CONTRIBUTIONS DIRECTES. — QUITTANCES. — *V. Quittances.*
—   VERSEMENTS. — *V. Récépissés.*

CONTROLES OU ÉTATS DE JOURNÉES. — ENTREPRENEURS. — *V. États.*

CONVENTIONS VERBALES. — BAUX. — *Ventes.* — Les maires doivent s'abstenir de conventions *verbales* pour les baux, ventes et marchés passés au profit des communes. Toutes les fois que l'objet à affermer ou à vendre a quelque importance, et qu'il peut y avoir intérêt pour la commune à posséder un *titre exécutoire*, ils doivent, sous peine d'engager leur responsabilité personnelle, rédiger des *actes administratifs* soumis au timbre et à l'enregistrement, *après approbation.*

Ce sont les copies ou expéditions *timbrées* de ces actes qui doivent ensuite être jointes aux comptes pour justifier les recettes ou les dépenses. (*V. Archives.*)

CONVOIS MILITAIRES (ENTREPRISE DES). — DÉPENSES. — Sont assujettis au timbre les états et bordereaux des dépenses relatives à l'entreprise des convois militaires, ainsi que les quittances des entrepreneurs. (I. g E. 1391.). . . . . (*A.*)

CORPS-DE-GARDE. — Loyers. — *Chauffage.* — *V. Quittances.* .
—   —   —   *V. Garde nationale.*

COTISATIONS MUNICIPALES. — Rôles. — *Frais.* — Les frais de confection des états matrices et des rôles de prestations et ceux d'impression des avertissements sont à la charge des communes dont le contingent, fixé par le Préfet, est versé à la caisse du Receveur des finances à titre de *cotisations municipales.* Le récépissé qui en est délivré au Receveur municipal, et qui sert de pièce justificative de la dépense, est exempt de timbre. (Inst. min. fin. 17 juin 1840, art. 767 à 775.) . . . . (**E.**)

COTES IRRECOUVRABLES. — *V. Décharges.*

COUPES AFFOUAGÈRES. — Adjudications. — *Visa en débet.* — Le papier destiné aux marchés par voie d'adjudication au rabais à passer pour l'exploitation des coupes affouagères, peut être admis au visa pour timbre en débet, sous la condition que les adjudicataires acquitteront *simultanément* les droits de timbre et d'enregistrement. (D. m. fin. 20 avril 1854; I. g. E. 2003 § 9; J. E. 15896-4.) . . . . (*A.*)

COUPES AFFOUAGÈRES. — Quittances. — *V. Affouage.*

COUPES DE BOIS. — Remises. — *Receveurs généraux.* — Sont exemptes du timbre, quel qu'en soit le montant, les quittances données par les Receveurs généraux pour *remises* sur le produit des coupes extraordinaires des bois communaux. (D. m. fin. 8 janvier 1828; J. E. 8920.). . . . . (**E.**)

COUPES DE BOIS. — Communes — *V. Adjudications.*
—   —   *V. Affiches.*
—   —   *V. Expéditions.*
—   —   *V. Quittances.*

COUR DES COMPTES. — Arrêts. — *Expéditions.* — *V. Arrêtés-arrêts.*

COURSES DE CHEVAUX. — *V. Primes.*

CRIEURS. — Publicateurs. — *Traitements, Salaires.* — Sont affranchies du timbre les quittances des *traitements* payés par les communes aux crieurs, publicateurs, tambours et trompettes, lorsque ces traitements n'excèdent pas *300 fr.* par an. S'il s'agit d'un *salaire*, même par abonnement, la quittance n'est sujette au timbre qu'autant qu'elle *dépasse 10 fr.* (I. g. E. 1132 § 16.) .   **(E.)**

CULTE CATHOLIQUE. — Curés, Desservants, Vicaires. — *Traitements*. — Sont assujetties au timbre les quittances des traitements et suppléments de traitements payés aux curés, vicaires, desservants et chapelains, lorsque ces traitements et suppléments de traitements sont alloués par la *commune* ou la *fabrique*, indépendamment de toute allocation ou secours étrangers, et que, *réunis*, ils *excèdent par année une somme de 300 fr.* (D. m. fin. 10 juin 1837; I. g. E. 1577 § 25.) . . . . **(A.)**

Si le traitement est payé par l'*Etat*, la quittance est affranchie du timbre, *quelle que soit la somme payée*. Il en est de même de la quittance donnée pour le supplément de traitement accordé par la *commune* ou la *fabrique*, si *ce supplément n'excède pas annuellement 300 fr.* (D. m. fin. 17 oct. 1809; I. g. E 454.) . . . . . **(E.)**

CULTE CATHOLIQUE. — Curés. — *Indemnités de logement, Casuel*. — Toute quittance de somme excédant 10 fr., payée par la commune ou la fabrique aux curés, vicaires et desservants, pour indemnité de logement ou de casuel, ou pour remboursement de loyer de maison ou de jardin, est assujettie au timbre. (D. m. fin. 16 fév. 1835; I. g. E. 1132 § 16.). . . . . **(A.)**

A l'égard de l'indemnité de loyer, la quittance est assimilée aux quittances mêmes de loyers, et celle donnée pour *chaque* terme doit être mise sur une feuille de timbre *séparée*. (Art. 23 L. 13 brum. an VII; I. g. E. 1370 § 9.) . . . . **(A.)**

CULTE PROTESTANT. — Mêmes décisions que pour le *culte catholique*.

CUMUL DE REMISES OU TRAITEMENTS. — *V. Garde champêtre.*
      —   —   *V. Quittances.*
      —   —   *V. Receveurs municipaux.*
      —   —   *V. Vicaire.*

CURAGE. — États de journées. — *V. Rivières.*

CURÉS, VICAIRES. — Binage. — *V. Indemnité.*
      —   Traitements. — *V. Culte catholique.*

D.

DÉBITEURS DES DROITS ET AMENDES DE TIMBRE ET D'ENREGISTREMENT. — *V. Droits d'enregistrement.*
— — • *V. Quittances.*
— — *V. Responsabilité.*

DÉCHARGES. — Cotes irrecouvrables. — *Décisions administratives.* — Les décisions des autorités administratives qui déclarent que les sommes dues à une commune ou à un établissement public sont irrecouvrables, sont exemptes du timbre lorsqu'elles ont été provoquées par la commune ou par l'établissement, ou par le Receveur lui-même pour mettre sa responsabilité à couvert. (D. m. fin. 17 oct. 1809; I. g. E. 454 § 9.). . . . . (**E.**)

DÉCHARGES. — Quittances. — *V. Caisse des dépôts.*

DÉCISIONS ADMINISTRATIVES. — Approbation. — Sont exemptes du timbre toutes les décisions administratives rendues pour l'*approbation* du paiement ou de la répartition des dépenses dûment *autorisées,* et pour les sommiers et comptes ouverts qui ne forment que des renseignements d'ordre intérieur. (I. g. E. 454, art. 9.). . . . . (**E.**)

DÉCISIONS ADMINISTRATIVES. — Cotes irrecouvrables. — *V. Décharges.*

DÉCISIONS MINISTÉRIELLES. — Agents du trésor. — *V. Expéditions.*

DÉCLARATIONS D'ABANDON DE PROPRIÉTÉS. — Timbre. — Sont assujetties au timbre les déclarations d'abandon de propriétés faites pour se dispenser de payer l'impôt, en vertu de la L. 3 frim. an VII, art. 65 et 66; ainsi que les expéditions de ces déclarations. (*V. Registres à souche.*) (D. m. fin. 18 août 1812; J. E. 4425.) (*A.*)

DÉCOMPTES DE REMISES. — Receveurs. — *Mandats à la suite.* — Sont exempts du timbre, comme *pièces d'ordre,* les décomptes dressés pour servir à la liquidation des remises des Receveurs municipaux, et qui sont annexés aux mandats de paiement, *quel que soit le chiffre de ces remises.* (D. m. fin. 4 fév. 1843.). . . . (**E.**)
Mais le mandat de paiement mis à la suite du décompte et *quittancé,* est assujetti au timbre, à cause de la quittance, si les remises annuelles *excèdent 300 fr.* (I. g. E. 454, et 1513 § 12.) . . (*A.*)

DÉCOMPTES. — Intérêts. — *V. Fonds placés au Trésor.*
— Dixième de l'état. — *V. Octroi.*

DÉCRETS ET ORDONNANCES DU POUVOIR EXÉCUTIF. — *V. Expéditions.*

DÉCRETS ET ARRÊTÉS MINISTÉRIELS. — *V. Lettres d'avis.*

DÉCRETS ET ARRÊTÉS D'AUTORISATION. — *V. Dons et legs.*
—   —   *V. Arrêtés.*

DÉGRÈVEMENT (PÉTITION EN). — *V. Contributions directes.*

DÉLAI. — ACTES ADMINISTRATIFS. — *V. Enregistrement.*
—   ACTES NOTARIÉS. — *V. Enregistrement.*
—   ACTE S. S. P. — *V. Enregistrement.*
—   ENREGISTREMENT. — *V. Actes administratifs.*

DÉLIBÉRATIONS ADMINISTRATIVES. — TIMBRE. — *Enregistrement.* — En général, les *délibérations* des conseils municipaux et des conseils des fabriques, hospices et établissements de bienfaisance, sont *exemptes* du timbre sur les minutes et expéditions. (Art. 80 L. 15 mai 1848.) . . . . **(E.)**

Mais si, par suite de l'intervention de personnes *étrangères*, il en résultait des conventions formant *titre* de part et d'autre, la minute de la délibération devrait être *rédigée sur timbre* et le droit d'enregistrement serait exigible suivant la nature de la convention. (Art. 78 L. 15 mai 1848; I. g. E 454, art. 6.). . . . . **(A.)**

DÉLIBÉRATIONS ADMINISTRATIVES. — TIMBRE. — *V. Expéditions.*
—   —   *V. Gardes champêtres.*
—   —   *V. Registres.*

DÉLIMITATION ET AMÉNAGEMENT. — *V. Bois des communes.*

DEMANDES EN REMISE D'AMENDES. — *V. Pétitions.*
—   EN LIQUIDATION DE PENSIONS. — *V. Pensions civ.*
—   EN DÉGRÈVEMENT. — *V. Contributions directes.*

DÉPARTEMENTS. — DROITS D'ENREGISTREMENT. — *Liquidation préalable.* — Pour concilier l'exécution de l'art. 28 de la loi du 22 frimaire an VII avec les exigences du § 11, chapitre 32 du réglement sur la comptabilité des dépenses du ministère de l'Intérieur, les Receveurs de l'enregistrement doivent faire connaître *officieusement*, avant l'enregistrement des actes passés dans l'intérêt des départements, et au vu des minutes, le montant des droits exigibles. Cette liquidation sert de base à la délivrance des mandats qui, lors de la présentation des actes à la formalité, sont remis en paiement des droits dus au Trésor, et sont versés comme *numéraire* par les Receveurs de l'enregistrement, dans la caisse du Receveur des finances. (D. m. fin. 1 et 18 décembre 1851; I. g. E. 1898.)

DÉPARTEMENTS. — Acquisitions amiables. — Les acquisitions faites à l'*amiable* par les départements, même dans un but d'utilité publique, spécialement pour hôtels de préfectures, ne sont exemptes des droits de timbre et d'enregistrement, qu'autant que cette utilité publique a été *déclarée* dans les formes tracées par la loi du 3 mai 1841, sur l'expropriation, et que les *formalités prescrites par cette loi ont été remplies*. (Cass. 23 août 1841; I. g. E. 1668 § 1.).   .   (*A.*)

DÉPARTEMENTS. — Acquisitions. — *V. Routes départementales.*
     —   —   *V. Devis.*
     —   Adjudication de travaux. — *V. Routes départementales.*
     —   Baux de casernement. — *V. Gendarmerie.*
     —   Obligations. — *V. Emprunts.*
     —   Timbre. — *V. Affiches.*
     —   Utilité publique. — *V. Expropriation.*

DÉPOTS D'ARGENT. — Hospices. — *Malades.* — Sont exempts du timbre, par application de l'art. 3 du décret du 4 messidor an XIII, tous les actes relatifs aux dépôts en argent faits entre les mains des administrateurs des hospices, par les personnes admises dans ces établissements. Cette exemption s'applique aussi aux retraits de ces dépôts. (D. m. fin. 11 sept. 1849; I. g. E. 1839.).   .   .   .   (**E.**)

DÉPOTS DE MENDICITÉ. — Dépenses. — Sont assujetties au timbre les quittances données pour toutes les dépenses relatives aux dépôts de mendicité, lorsque la somme excède 10 fr., et n'est pas payée à des *indigents*.   .   .   .   .   (*A.*)

Il en est de même des factures et mémoires de fournitures annexés aux mandats de paiements. (Art. 12 L. 13 brum. an VII.) (*A.*)

DÉPOT DE CAUTIONNEMENT. — *V. Certificats.*
     — DE GARANTIE. — *V. Caisse des dépôts.*

DÉTAILS ESTIMATIFS. — Travaux. — *Routes départementales.*
                                      — V. Devis.
     —   —   *Communes. — V. États estimatifs.*

DÉTENUS. — Fournitures. — *Quittances, États collectifs.* — Sont exemptes de timbre, comme pièces d'administration intérieure, les quittances délivrées aux administrateurs des maisons centrales de force ou de correction, pour prix des fournitures faites aux condamnés détenus, et *payées sur le pécule de ceux-ci*. Il en est de même des *états collectifs* des dépenses de l'espèce, émargés de l'acquit des fournisseurs, lors même que les paiements excèdent 10 fr. (D. m. fin. 30 juin 1846; J. E. 14042-4; I. g. E. 1767 § 17.). . . . . .   **(E.)**

DÉTENUS (TRAVAIL DES). — *V. États de journées.*

DEVIS ET PLANS. — TRAVAUX ADMINISTRATIFS. — *Timbre, Enregistrement.* — Les plans et devis de travaux, entreprises et fournitures de toute nature, pour le compte des départements, des communes et des établissements publics, dressés par des ingénieurs, agents-voyers, et tous autres hommes de l'art, et *approuvés* par l'autorité supérieure, sont des *actes administratifs* sujets au timbre et à l'enregistrement. (Art. 78 L. 15 mai 1818; I. g. E. 1187 § 15, et 1391 n° 2.). . . . .   **(A.)**

Toutefois ils peuvent n'être timbrés à l'extraordinaire ou visés pour timbre *qu'après l'approbation* de l'autorité compétente, sauf à ne pas procéder à l'*adjudication* des travaux ou fournitures, sous peine d'amende, avant que ces plans et devis n'aient acquitté les *droits de timbre et d'enregistrement*. (*V. Acte passé en conséquence.*) (D. m. fin. 8 juin 1852; I. g. E. 1929 § 7.)

DEVIS. — TRAVAUX. — *Routes départementales.* — Sont affranchis du timbre les *devis* rédigés par les Ingénieurs des ponts-et-chaussées pour travaux d'entretien ou de réparation des routes *départementales*, attendu que ces routes font partie du *domaine public*. Cette exemption s'applique aux *détails estimatifs* ou bordereaux de prix dressés par ces Ingénieurs pour servir à la confection des devis. (D. m. fin. 26 oct. 1831; J. E. 10281.) . . . .   **(E.)**

DEVIS. — EXPÉDITIONS. — *Timbre.* — Les expéditions délivrées aux adjudicataires ou aux particuliers, des devis rédigés par les Ingénieurs des ponts-et-chaussées, et relatifs aux travaux sur les routes ou autres, exécutés pour le compte de l'État, des communes, des départements ou des établissements publics, sont assujetties au timbre. (D. m. fin. 25 oct. 1822; J. E. 7334; Rép. gén. n° 286-2; I. g. E. 1391 n° 2.) . . . .   **(A.)**

DEVIS ET PLANS. — EXPÉDITIONS. — *Timbre.* — En général, les expéditions des plans et devis, dûment *approuvés*, ne peuvent être délivrées que sur timbre à 1 fr. 25 c. (Art. 17 et 19 L. 13 brum. an VII; I. g. E. 290 et 1391 n° 2.). . . . .   **(A.)**

DEVIS. — Procès-verbaux de réception. — *Travaux de l'État.*
— Sont dispensés du timbre les devis et procès-verbaux de réception
relatifs aux travaux exécutés d'urgence sur des domaines nationaux,
et pour le *compte de l'État* . . . . **(E.)**

Mais cette exemption n'est pas applicable à ceux de ces actes qui
concernent des biens régis provisoirement par l'administration des
domaines, lesquels n'appartiennent pas à l'État, ou ne lui sont pas
irrévocablement acquis. (I. g. E. 1946 § 6.). . . . . . . **(A.)**

DEVIS ADMINISTRATIFS. — Adjudications. — Marchés. —
V. *Expéditions.*

    —   Devis supplémentaires.—*V. États
estimatifs.*

    —   Travaux communaux. — *V. idem.*

    —   — *V. Chemins vicinaux.*

    —   — *V. Plans et devis.*

DIMENSION. — Papier timbré. — *V. Actes administratifs.*

    —   — *V. Expéditions.*

    —   — *V. Minutes.*

DISPENSE. — Mariage. — *V. Publication.*

DISTRIBUTION D'ARGENT. — *V. Bureaux de bienfaisance.*

    — D'EFFETS MOBILIERS. — *V. idem.*

DIVISION DE TRAITEMENTS. — *V. Employés et agents.*

DIXIÈME DE L'ÉTAT. — Quittances. — *V. Octroi.*

DOMMAGES-INTÉRÊTS. — Jugements. — *V. Expéditions.*

DONS ET LEGS. — Décrets d'autorisation. — *Minutes, Expéditions.* — Les ordonnances ou décrets qui autorisent l'acceptation
des dons et legs faits aux communes et aux établissements publics,
sont exempts du timbre sur les minutes et les ampliations. (Art. 16
L. 13 brum. an VII.). . . . . **(E.)**

Il en est de même pour les *minutes* des arrêtés rendus, aux mêmes
fins, par les préfets, en conseil de préfecture, et pour les *expéditions* de ces arrêtés délivrées *administrativement.* . . . . **(E.)**

Mais les expéditions délivrées dans l'*intérêt des donataires ou
légataires*, sont assujetties au timbre de 1 fr. 25 c. (*V. Arrêtés des
Préfets.*) (Art. 80 L. 15 mai 1818; I. g. E. 1391.) . . . . **(A.)**

DOTS. — Prix de vertu. — *Quittances.* — Sont assujetties au
timbre, par application de l'art. 12 L. 13 brum. an VII, les quittances
des dots accordées à des filles vertueuses ou à celles mariées à des
militaires, à l'occasion des fêtes nationales. (I. g. E. 454 § 2.)   (A).

DOUBLES DES COMPTES. — RECEVEURS. — *V. Comptes.*
—   —   *V. Expéditions.*
—   —   *V. Fabriques.*
—   —   *V. Hospices.*
—   —   *V. Pétitions.*

DOUBLES FONCTIONS. — TRAITEMENTS. — *V. Quittances.*
—   —   *V. Vicaire.*

DROIT AU PAIEMENT. — *V. Pièces comptables.*

DROITS D'ENREGISTREMENT. — ACTES ADMINISTRATIFS. — *Tarif.* — Le décime doit être ajouté à tous les droits ci-après indiqués. (Loi du 6 prairial an VII.)

Acquisitions au nom et pour le *compte de l'État* et tous les actes y relatifs. (L. 22 frim. an VII, art. 70, § 2, n° 1er.) . . . Gratis.

Acquisitions par les départements, arrondissements, communes, hospices, séminaires, fabriques, congrégations religieuses, consistoires et tous établissements publics (sauf le cas d'expropriation pour cause d'utilité publique, où l'enregistrement est gratis) :

Mobilier (*sur le prix stipulé*).	2 f. » °/₀
Immeubles (*idem.*)	5 50 °/₀

Actes innomés au tarif. . . . . 2 » fixe

Adjudications aux enchères ou au rabais pour constructions, réparation et entretien, et tous *marchés* pour approvisionnements et fournitures, passés avec les particuliers pour le compte des communes et des établissements publics (*sur le prix stipulé*). (Art. 69, § 3, n° 1er, L. 22 frim. an VII.) 1 » °/₀

Baux de biens meubles ou immeubles, à ferme ou à loyer, même ceux de l'État et dont la durée est *limitée*. Le droit se liquide sur le prix cumulé de toutes les années, y compris l'impôt et les charges. (Art. 37 et 38 L. 22 frim. an VII; art. 1er de celle du 16 juin 1824.). . . . . . » 20 °/₀

Il en est de même des sous-baux, subrogations, cessions et retrocessions de baux. Le droit se perçoit sur les années restant à courir. (Mêmes lois.). . . . . » 20 °/₀

Le droit de *cautionnement* des baux à ferme ou à loyer, de pâturage, etc., est de la *moitié* du droit de bail. . . » 10 °/₀

Baux à rente perpétuelle ou à durée *illimitée* : Meubles. . 2 » °/₀

Immeubles 5 50 °/₀

Baux à vie (sur dix fois le revenu). . . . . 4 » °/₀

Baux de *bancs d'églises* : à durée limitée . . . . . » 20 °/₀

— illimitée ou à vie . . 2 » °/₀

Cautionnements de sommes (autres que pour les baux) .   » 50 °/o
Certificats de toute nature   2   » fixe .
Chemins vicinaux, tous les actes qui les concernent.
(Art. 20 L. 21 mai 1836.).   1   » fixe
   Cimetières (concessions de terrains dans les) :
                   Celles temporaires.   .   » 20 °/o
                   Celles à perpétuité.   .   4   » °/o
Devis primitifs ou supplémentaires et plans *approuvés* .   2   » fixe
Exploits et procès-verbaux de toute nature.   2   » fixe
Soumissions approuvées et constituant des *marchés*   .   .   1   » °/o
Traités ; comme pour les *marchés* de toute nature   .   .   1   » °/o
Ventes (même par a. s. s. p.) :
             De biens meubles (*sur le prix stipulé*).   2   » °/o
         —   d'immeubles (*idem.*)   .   .   5 50 °/°

DROITS D'ENREGISTREMENT. — ACTES ADMINISTRATIFS. —
Débiteurs. — Les droits des actes administratifs, sujets à l'enregistrement doivent être acquittés par les secrétaires des administrations centrales et municipales *(les préfets, sous-préfets et maires)*,
sauf le cas prévu par l'art. 37 L. 22 frim. an VII, lorsque les parties,
débitrices de ces droits, ne les ont pas *consignés* entre les mains de
ces fonctionnaires. (Art. 20 L. 22 frim. an VII.)

DROITS D'ENREGISTREMENT. — LIQUIDATION PRÉALABLE. —
                            V. Départements.
   —   PAIEMENT DES DROITS. — *V. Bureaux.*
   —   PRESCRIPTION. — *V. Prescription.*
   —   QUOTITÉ DES DROITS. — *V. Enregistrement.*
   —   SUPPLÉMENTS. — *V. Adjudications.*

DROITS DE TIMBRE ET D'ENREGISTREMENT. — *V. Bureaux.*
   —   —   *V. Débiteurs.*
   —   —   *V. Etats estimatifs.*
   —   —   *V. Prescription.*
   —   —   *V. Quittances.*
   —   —   *V. Responsabilité.*

DROIT DES PAUVRES. — EXEMPTION. — L'exemption du timbre
s'applique aux quittances du droit des pauvres, perçu sur le produit
des représentations théâtrales, des bals et des concerts ; ainsi qu'à
celles des recettes provenant de quêtes ou souscriptions volontaires
destinées aux indigents. (D. m. fin. 9 janv. 1843 ; Rép. gén.
n° 5982-5 .   .   .   .   (**E.**)

DROITS ET RÉTRIBUTIONS UNIVERSITAIRES. — Quittances.
— Les quittances des droits et rétributions universitaires *de toute
nature* perçus au profit de l'État depuis la loi du 24 mai 1834, notamment celles délivrées par les secrétaires des facultés et écoles
académiques, sont passibles du timbre, lorsqu'elles ont pour objet
des sommes excédant 10 fr. (*V. Colléges*). (D. m. fin. 21 juillet 1847,
6 nov. 1851 ; I. g. E. 1907.) . . . . (*A.*)

E.

ÉCLAIRAGE. — Enregistrement. — *V. Marchés.*

ÉCOLES PRIMAIRES. — Adultes ou indigents. — *Indemnités.* —
Sont assujetties au timbre les quittances au-dessus de 10 fr. données
par les instituteurs pour *indemnités* relatives à l'instruction gratuite
des élèves adultes et indigents, à moins que l'indemnité ne se con-
fonde avec un *traitement* annuel inférieur à 300 fr. (Art. 12 L. 13
brum. an VII; I. g. E. 1513 § 12.). . . . . (*A.*)

ÉCOLES PRIMAIRES. — Subventions et secours de l'état. —
Quittances. — Sont assujetties au timbre les quittances données par
les Receveurs municipaux aux Payeurs du Trésor public pour sommes accordées par l'État aux communes, à titre de subventions ou
secours, pour l'établissement, l'agrandissement et l'entretien des
maisons d'écoles primaires. (D. m. fin. 9 oct. 1835; I. g. E. 1513
§ 12.) . . . . (*A.*)

ÉCOLES PRIMAIRES. — Loyers ou indemnités. — *Quittances.* —
Les quittances de sommes au-dessus de 10 fr. payées par les communes pour loyers de maisons ou de salles d'écoles, de jardin, etc.,
et pour indemnités de logement, sont sujettes au timbre. (Art. 12
L. 13 brum. an VII; I. g. E. 1132 § 16.). . . . . . . (*A.*)
    A l'égard des quittances d'indemnités de loyers qu'on peut assi-
miler aux quittances mêmes de loyers, *chaque* paiement d'un *terme*
doit faire l'objet d'une quittance timbrée. (Art. 23 même loi; I. g. E.
1370 § 9.) . . . . (*A.*)

ÉCOLES PRIMAIRES. — Rétribution mensuelle. — *Exemption.*
— Sont exempts du timbre, d'après la loi du 3 juillet 1847 : 1º les
états nominatifs que les instituteurs primaires produisent, chaque
mois, conformément à l'art. 14 de la loi du 18 juin 1833, des élèves
admis dans leurs écoles ; 2º les rôles dressés pour le recouvrement
de la rétribution scolaire ; 3º les quittances de cette rétribution don-

nées par les instituteurs soit aux parents, soit au Receveur municipal, même pour somme excédant 10 fr. La rétribution scolaire ne
doit pas être ajoutée au traitement communal pour l'application du
droit de timbre des quittances. (I. g. E. 1760 qui abroge celle 1578;
Dél. 17 sept. 1851; J. E. 15279-3.). . . . .   **(E.)**

ÉCOLES PRIMAÏRES. — CHAUFFAGE ET FRAIS DE BUREAUX. —
                                        V. Instituteurs.
—   SECOURS ET ENCOURAGEMENTS. —   *V.*   *Id.*
—   SUBVENTIONS DE L'ÉTAT. —   *V.*   *Id.*
—   —   DES COMMUNES. —   *V.*   *Id.*
—   —   DU DÉPARTEMENT. —   *V.*   *Id.*
—   TRAITEMENTS. —   *V.*   *Id.*

ÉCONOME. — RÉSUMÉ DE MÉMOIRES ET FACTURES. — Le résumé
dont un éconôme accompagne les mémoires *timbrés* des fournisseurs
est facultatif et exempt de timbre, comme simple renseignement. **(E)**.
   Mais il y est assujetti, s'il n'est pas accompagné de mémoires *timbrés*,
attendu que, dans ce cas, *il en tient lieu.* (D. m. fin. 19 nov. 1842;
Rép. gén. 5985-6.). . . . .   **(A.)**

ÉCONOME. — DÉPENSES JOURNALIÈRES. — *Quittances.* — *V.*
Hospices.

EFFETS à VUE. — OBLIGATIONS. — *V. Mandat.*

ÉLECTIONS GÉNÉRALES. — AFFICHES. — *Candidature.* — Sont
affranchies du timbre les affiches relatives aux candidatures, lors des
élections générales, de même que les avis et lettres distribuées à
cette occasion. (Circ. 1er mai 1849.) . . . .   **(E.)**

ÉMIGRANTS. — *V. Actes de l'état-civil.*

EMPLOYÉS ET AGENTS. — TRAITEMENTS ET SUPPLÉMENTS. —
Quittances. — Sont assujetties au timbre les quittances de traitements et suppléments de traitements payés par les communes et
établissements publics aux publicateurs, crieurs, trompettes ou tambours, — aux gardes-champêtres et forestiers, — aux agents et
commissaires de police, — aux messagers et commissionnaires, —
aux concierges, — aux agents ou voyers, — aux secrétaires, greffiers
et employés des mairies, — aux trésoriers et éconômes, — aux préposés de l'octroi, — aux docteurs, médecins, officiers de santé et
gardiens, — aux instituteurs et institutrices, — aux sages-femmes,
— aux professeurs, — aux bibliothécaires, aux curés, vicaires et
desservants, enfin aux Receveurs municipaux pour leurs remises,

lorsque ces traitements, suppléments de traitements ou remises *excèdent 300 fr. par an, pour chaque employé,* indépendamment des *subventions payées par l'État ou les départements.* (I. g. E. 454, 1513 § 12.) . . . . (*A.*)

Lorsque le traitement *annuel* dépasse 300 fr., la quittance totale est passible du timbre, et s'il est payable par *terme* de mois, trimestre ou semestre, *chaque* quittance donnée pour le mois, le trimestre ou le semestre doit être faite sur *timbre.* Celles données pour *à-compte* du mois, du trimestre ou du semestre peuvent seules, dans ce dernier cas, être données sur la même feuille. (Art. 23 L. 13 brum. an VII; I. g. E. 1370 § 9.)

EMPLOYÉS ET AGENTS. — Traitements. — *Division, Quittances.* — Lorsqu'un traitement communal, même supérieur à 300 fr., se trouve divisé entre plusieurs agents ou employés, et que *chacun* d'eux ne touche pas plus de *300 fr.* par an, les quittances données par ces employés ou agents sont affranchies du timbre. (I. g. E. 1513 § 12.) . . . . (**E.**)

EMPLOYÉS ET AGENTS. — Traitements. — *États d'émargements, Mandats.* — L'état d'émargements contenant l'indication des divers traitements, remises ou rétributions des employés et agents des administrations municipales peut, sans contravention au timbre, être revêtu des *acquits* des diverses parties prenantes, même pour traitements ou remises excédant chacun 300 fr., parce que ces acquits se rapportent tous à une *seule* et *même dépense.* Mais cet état émargé doit être rédigé sur timbre de dimension, attendu qu'il forme une pièce justificative de la dépense, annexée au mandat de paiement. (I. g. E. 1231 § 2.). . . . . (*A.*)

Quant au *mandat* auquel est annexé l'état d'émargements et qui est *quittancé* par l'employé principal pour le montant total des traitements, il doit aussi être revêtu du timbre, comme formant *titre* dans la comptabilité. (Art. 12 L. 13 brum. an VII; I. g. E. 1231 § 2.). . . . . (*A.*)

Mais si les quittances, au lieu d'être données sur l'état d'émargements, étaient mises au pied de mandats *séparés,* chaque mandat devrait être timbré, s'il avait pour objet un *traitement* annuel *supérieur* à 300 fr. (I. g. fin. du 17 juin 1840, n° 874; I. g. E. 1513 § 12.) . . . . (*A.)*

EMPLOYÉS ET AGENTS. — Serment. — *Timbre.* — Sont assujetties au timbre les *minutes* des actes de prestation de serment de tous employés, agents et fonctionnaires administratifs, ainsi que les

expéditions qui en sont délivrées aux parties. (L. 27 vent. an IX ;
I. g. E. 290 § 49.). . . . . (*A.*)

Mais le serment purement *politique* en est exempt. (I. g. E. 1331
et 1364.). . . . . (**E.**)

La mention de la prestation du serment peut être mise en marge
ou à la suite des commissions *timbrées*.

EMPLOYÉS ET AGENTS. — VEUVES ET ENFANTS. — *Secours et
pensions.* — Les quittances données pour secours, indemnités, gratifications ou pensions accordés à d'anciens employés ou agents, à
des pompiers, à leurs veuves et enfants, enfin à toutes autres personnes, sur le *budget municipal,* à quelque titre que ce soit, sont
assujetties au timbre, à moins qu'il ne s'agisse *d'indigents,* et qu'il
n'en soit *justifié.* (Art. 12 L. 13 brum. an VII; J. E. 12388-2.) . (*A.*)

EMPLOYÉS ET AGENTS. — DOUBLES FONCTIONS. — *V. Cumul.*
      —   FONDS DE RETRAITES. — *V. Pensions.*
      —   TRAITEMENTS. — *V. Quittances.*

EMPREINTE DU TIMBRE. — ÉCRITURE. — *Amende.* — L'empreinte
du timbre ne peut être couverte d'écriture ni altérée, sous peine
d'une amende de 5 fr. pour chaque contravention, outre le droit de
timbre. (Art. 21 et 26 L. 13 brumaire an VII, et 10 de celle du 16
juin 1824.)

Cette disposition s'applique au timbre *sec* comme au timbre *noir.*
(Arr. Cass. 4 juillet 1815.)

Mais on peut écrire au *verso* des empreintes des deux timbres.
(Dél. 16 juin 1807.)

EMPRUNTS ET OBLIGATIONS. — CAISSE DES CONSIGNATIONS. —
Quittances. — Sont assujettis au droit proportionnel de 1 fr. % les
emprunts et obligations souscrits par les communes et les établissements publics, au profit de la caisse des dépôts et consignations,
et l'avance de ce droit est faite par les emprunteurs. (Art. 27 L. 5
juin 1850; I. g. E. 1854 et 1873.). . . . . (*A.*)

Les quittances ou récépissés donnés par cette caisse lors du
paiement des intérêts ou du remboursement du capital, sont passibles
du timbre de dimension. (Art. 12 L. 13 brum. an VII.). . . (*A.*)

EMPRUNTS, OBLIGATIONS ET ACTIONS. — DÉPARTEMENTS. —
Communes et Établissements publics. — Les titres d'obligations souscrits, à partir du 1er janvier 1851, par les départements, communes,
établissements publics et compagnies, sous quelque dénomination
que ce soit, de même que les titres d'actions dans les sociétés, sont

assujettis au timbre proportionnel de 1 p. °/₀ du montant du titre, et l'avance de ce droit est faite par·les emprunteurs. Les titres sont tirés d'un journal à souche. La perception du droit de timbre suit les sommes et valeurs de 20 fr. en 20 fr. inclusivement, et sans fraction. On peut se libérer par voie d'abonnement. (L. 7, 22 mars, 5 juin 1850 art. 27; I. g. E. 1854 et 1873.). . . . . (*A.*)

ENCOURAGEMENTS. — GRATIFICATIONS. — *V. Primes.*.
         —   SECOURS. — *V. Instituteurs.*

ENFANTS-NATURELS. — LÉGITIMATION. — *V. Indigents.*

ENFANTS-TROUVÉS. — APPRENTISSAGE. — *Quittances.* — Sont exemptes de timbre les quittances relatives aux paiements faits pour prix d'apprentissage des enfants-trouvés. (Dél. 14 août 1838. (**E.**)

ENFANTS-TROUVÉS. — CERTIFICATS DE VIE. — *Mois de nourrice.* — Sont exempts du timbre les certificats de vie produits à l'appui des mandats de paiements faits aux nourrices des enfants-trouvés. (I. g. E. 1401 § 9.). . . . . (**E.**)
 Il en est de même des quittances données par ces nourrices à raison des sommes qui leur sont payées par les hospices, pour mois de nourrice. (D. m. fin. 10 janv. 1834; I. g. E. 1447 qui abroge celle 1422 § 19.). . . . . (**E.**)

ENFANTS-TROUVÉS. — CONDUCTEURS, NOURRICES, SURVEILLANTS, MÉDECINS. — *Quittances.* — Sont assujetties au timbre les quittances de frais de voyages, salaires ou indemnités, données par les conducteurs, nourrices et surveillants des enfants-trouvés, pour sommes excédant 10 fr. . . . . (*A.*)
 Il en est de même pour les quittances d'*honoraires* payés aux médecins qui ont visité ces enfants, à moins qu'il ne s'agisse d'un *traitement annuel* inférieur à 300 fr. (Dél. 30 déc. 1839; J. E. 12455.). . . . . (*A.*)

ENFANTS-TROUVÉS. — INDEMNITÉS. — *Nourrices.* — Sont exemptes du timbre les quittances données par les nourrices pour l'indemnité de 50 fr. qui leur est accordée par l'arrêté du 30 vent. an II, lorsqu'elles conservent les enfants jusqu'à l'âge de 12 ans. (Art. 16 L. 13 brum. an VII; D. min. fin. 8 avril 1835; J. E. 11231.) (**E.**)

ENFANTS-TROUVÉS. — MOIS DE NOURRICE. — *Hospices.* — Sont exemptes de timbre, comme quittances de secours accordés à des *indigents*, les quittances des sommes payées par les hospices pour mois de nourrice des enfants-trouvés. (D. m. fin. 10 janv. 1834; I. g. E. 1447 qui abroge celle 1422 § 19.). . . . . (**E.**)

ENFANTS-TROUVÉS. — Expéditions. — *V. Actes de l'état-civil.*

ENFANTS. — Manufactures. — *Travail.* — *V. Certificats.*

ENGAGEMENTS MILITAIRES. — Gens de guerre. — *Exemption.*
— Sont exemptes du timbre toutes les pièces relatives aux engagements et enrôlements volontaires au service militaire. Cette exemption s'applique aux congés, certificats, cartouches, passeports,
quittances pour prêts ou fournitures, billets d'étapes, de subsistances
et de logement concernant les militaires et gens de guerre. (Art. 16
L. 13 brum. an VII 9e alinéa § 1.)'. . . . . (**E.**)

ENREGISTREMENT. — Actes notariés. — *Délai.* — Le délai
pour l'enregistrement des *actes notariés* intéressant les communes
et les établissements publics, ne court que du *jour de la remise* par
le maire au notaire de l'arrêté d'approbation du préfet pris conformément à la circulaire du ministre de l'intérieur du 6 sept. 1853
(I. g. E. 2003 § 1), remise qui doit être *constatée* par une attestation
du maire, datée et signée en marge de l'arrêté. (*V. Acte notarié.*)
(D. m. fin. 22 janv. 1855; I. g. E. 2025 § 2.)

ENREGISTREMENT. — Acte s.-s. p. — *Délai, Amende.* — Doivent être enregistrés dans les *trois mois* de leur date, à peine d'un
double droit, les actes faits sous signature privée et qui portent
transmission de propriété ou d'usufruit d'*immeubles,* les baux à
ferme et à loyer et les cessions ou subrogations de baux, enfin tous
les engagements de biens de même nature.

Il n'y a point de délai de rigueur pour l'enregistrement des autres
actes s.-s. p.; mais il ne peut en être fait aucun usage, soit par acte
public, soit en justice, soit devant toute autorité constituée, avant
qu'ils n'aient été *enregistrés,* à peine d'une amende de 10 fr. (Art.
22, 23 et 42 L. 22 frim. an VII.)

ENREGISTREMENT. — Exemption. — Les *actes* purement *administratifs,* et tous ceux faits pour l'administration générale, l'exécution des lois et l'intérêt de l'État, sont exempts de timbre et d'enregistrement. (Art. 16 L. 13 brum. an VII, et 80 de celle du 15 mai
1818.) . . . . (**E.**)

ENREGISTREMENT (AMENDES D'). — Quotité. — Les amendes
prononcées pour contraventions aux lois sur l'enregistrement sont :

1º Pour un acte administratif fait en conséquence d'un acte s. s. p.
ou passé à l'étranger, et *non enregistré.* (Art. 42 L. 22 frim. an VII,
et 10 de celle du 16 juin 1824.) . . . . . 10 fr. et le décime.

2º Pour annexe d'actes s. s. p. non enregistrés, *excepté pour les notaires,* qui seuls ont la faculté d'agir en vertu d'un acte s. s. p. non enregistré. (Art. 42 même loi.) . . . . 10 fr. »

3º Pour baux et résiliation de baux d'immeubles s. s. p. non enregistrés dans les *trois mois* de leur date. (Art. 38 même loi.). . . . . *Double droit.*

4º Pour refus de communication d'actes et répertoires. (Art. 52 et 54 de la même loi.) . . . . . 10 fr. »

5º Pour retard dans la déclaration d'une succession . . . . *Demi-droit en sus.*

(En cas d'omission ou d'insuffisance d'évaluation du revenu, l'amende est du *double droit.*) (Art. 39 même loi.)

6º Pour retard dans l'enregistrement des actes administratifs. (Art. 36 même loi.). . . . . . . *Double droit.*

7º Pour la remise tardive, par les secrétaires des mairies au Receveur de l'enregistrement, des extraits des actes dont les droits ne leur ont pas été consignés par les parties. (Art. 36 même loi.). . . . . . 10 fr. »

8º Pour défaut de mention littérale de la relation de l'enregistrement des actes s. s. p. ou autres mentionnés dans un acte administratif. (Art. 44, 45, 57.) . 5 »

9º Pour défaut de remise des notices des décès au Receveur de l'enregistrement, dans les mois de janvier, avril, juillet et octobre. (Art. 55 même loi.). . 10 »

10º Pour chaque omission ou intercalation sur le répertoire. (Art. 49 même loi.) . . . . 5 »

11º Pour retard dans le visa trimestriel du répertoire. (Art. 51 même loi; I. g. E. 1458 § 10.) . . . 10 »

12º Pour retard dans l'enregistrement des procès-verbaux de délits et contraventions. (Art. 34 L. 22 frim. an VII, et 15 de celle du 27 vent. an IX.) . . 5 »

ENROLEMENTS. — Expéditions. — *V. Actes de l'état-civil.*

—   Militaires. — *V. Engagements.*

—   Volontaires. — *V. Certificats.*

ENTREPRENEURS. — Remboursement d'avances. — Sont assujettis au timbre les états de remboursement d'avances faites par les entrepreneurs de travaux et autres, lorsqu'ils y joignent un bénéfice quelconque, comme cela est autorisé pour les dépenses faites sur les sommes à valoir. (I. g. E. 1391 2e partie n° 5.). . . .   (A.)

ENTREPRENEURS. — Titres de créances. — *Cautionnements.*— Sont assujettis au timbre tous extraits, expéditions et titres de créances produits par les entrepreneurs de travaux ou fournitures, à l'appui des mandats de paiement délivrés à leur profit sur les fonds des départements, des communes et des établissements publics. (Art. 12 L. 13 brum. an VII; J. E. 11812-2; I. g. E. 1391. .   (A.)

Il en est de même des demandes tendant à obtenir le paiement des intérêts ou le remboursement partiel ou intégral des cautionnements déposés par ces entrepreneurs, pour sûreté de leurs engagements. . . . . (A.)

ENTREPRENEURS. — Capacité. — *V. Certificats.*

—   Contrôles de journées. — *V. États de journées.*

—   Dépôts de garantie.—*V. Caisse des dépôts.*

—   Dépôts de cautionnements. — *V. Certific.*

—   Travaux de détenus. — *V. États de journ.*

ENTRETIEN (FRAIS D'). — Mairie. — *Quittance du Maire.* — Sont exemptes du timbre les quittances données par le Maire au Receveur municipal du montant des sommes allouées *annuellement,* même par *abonnement,* pour l'entretien de la maison commune, quand il n'y a pas de *mémoires d'ouvriers* et *fournisseurs,* et que les réparations ont été faites à une *propriété communale.* (D. m. fin. 31 mars 1824; I. g. E. 1132 § 16.). . . . . . . **(E.)**

ENTRETIEN. — Armes. — *V. Caisses et armes.*

—   Bornes et fontaines. — *V. Fontaines.*

—   Montage. — *V. Horloges.*

—   Subventions. — *V. Écoles primaires.*

ÉTABLISSEMENTS DE BIENFAISANCE. — Secours. — *V. Subv.*

—   RELIGIEUX. — Secours. — *V. Subventions.*

ÉTAT-CIVIL. — Timbre des registres. — *Remboursement.* — Sont affranchies du timbre les quittances délivrées par les Receveurs de l'enregistrement pour le prix du papier timbré employé aux registres de l'état-civil. (D. m. fin. 28 juin 1832.) . . . . . (**E.**)

Il en est de même de celles données par suite du remboursement des sommes avancées pour le timbre soit de ces registres, soit des quittances mises sur les mandats de paiement, mais seulement lorsque ces avances ont été faites par les *agents spéciaux* des communes, au nombre desquels ne figurent pas les *instituteurs* et les *greffiers*. (I. g. E. 1391, 1re partie, no 11.) . . . . (**E.**)

ÉTAT-CIVIL. — ENFANTS-TROUVÉS. — *V. Actes de l'état-civil.*

—   REGISTRES, TABLES. — *V. Idem.*

—   TIMBRE DES REGISTRES. — *V. Quittances.*

ÉTATS COLLECTIFS. — PRISONS. — *Fournitures. — V. Détenus.*

ÉTATS D'ATTRIBUTION D'AMENDES. — *V. Amendes.*

—   —   *V. Attribution.*

—   —   *V. Roulage.*

—   —   *V. Voirie.*

ÉTATS DE DISTRIBUTION D'ARGENT ET D'EFFETS. — *V. Bureaux de bienfaisance.*

—   *V. Mandats.*

ÉTATS D'ÉMARGEMENTS. — QUITTANCES D'INTÉRÊTS. — *V. Acte à la suite.*

—   SALAIRES. — *V. Nourrices.*

—   —   *V. États de journées.*

—   —   *V. États de salaires.*

—   TRAITEMENTS. — *V. Employés et agents.*

—   —   *V. Octroi.*

—   —   *V. Acte à la suite.*

ÉTATS DE JOURNÉES. — DÉTENUS. — *Entrepreneurs.* — Sont sujets au timbre les états de journées des détenus dans les maisons centrales, les prisons et les dépôts de mendicité, lorsqu'ils sont dressés par l'entrepreneur du travail de ces détenus, pour recevoir des à-comptes sur le prix de son entreprise. (I. g. E. 1391 2e partie no 5 § 2.) . . . . (*A.*)

ÉTATS DE JOURNÉES. — OUVRIERS. — *Entrepreneurs.* — Sont assujettis au timbre les états ou contrôles de journées d'ouvriers, lorsqu'ils sont faits par les entrepreneurs et régisseurs *qui y joignent un bénéfice quelconque.* (I. g. E. 1391.) . . . . (*A.*)

Dans le cas contraire, et s'il s'agit d'ouvriers *indigents*, les états de l'espèce, de même que le mandat collectif délivré au profit du régisseur et quittancé par lui sont exempts du timbre. . . (**E.**)

ÉTATS DE JOURNÉES. — Ouvriers non indigents. — *Quittances.*
— Les sommes payées aux ouvriers *non indigents* employés *auxiliairèment* aux travaux de toute nature pour le compte des communes et des établissements publics, sont des *salaires* et non des *traitements ;* dès lors ils ne peuvent faire l'objet d'*états d'émargements* et *chaque* quittance doit être donnée sur timbre, si la somme excède 10 fr. (D. m. fin. 31 déc. 1853; I. g. E. 2003 § 5.) . . . . (*A.*)

ÉTATS DE JOURNÉES. — Travaux de l'état. — *Quittances, Mandat collectif.* — Sont soumis au timbre, lorsqu'ils sont *émargés* de la signature des parties prenantes et que les sommes payées excèdent 10 fr., les états de journées des ouvriers employés à l'exécution de travaux entrepris d'office et par voie de régie, pour le compte de l'État, conformément à la loi du 14 floréal an XI. (*A.*)

Mais le mandat collectif délivré au profit de l'agent de l'État qui a été chargé de la direction des travaux, et quittancé par lui, en est exempt. (D. m. fin. 16 août 1853; I. g. E. 2003 § 4.) . . . (**E.**)

ÉTATS DE JOURNÉES. — *V. Ateliers de charité.*
— *V. Chemins vicinaux.*
— *V. Rivières.*
— *V. États de salaires.*

ÉTATS DE RECETTES. — *V. Souscriptions.*
— *V. Ventes verbales.*
— *V. Titres de recettes.*

ÉTATS DE REMBOURSEMENT D'AVANCES. — *V. Entrepreneurs.*
— RÉTRIBUTION SCOLAIRE. — *V. Écoles primaires.*
— RÉPARTITION D'AMENDES. — *V. Octroi.*

ÉTATS DE SALAIRES. — Ouvriers auxiliaires. — *Chemins vicinaux.* — Les *salaires* payés aux ouvriers *non indigents,* employés auxiliairement aux chemins vicinaux, ne peuvent être assimilés aux *traitements* des agents et employés des communes, exempts du timbre lorsqu'ils n'excèdent pas 300 fr. par an.

En conséquence, il y a contravention au timbre lorsque les salaires de l'espèce sont payés, sous forme d'*états, émargés* des parties prenantes. *Chaque* paiement de somme au-dessus de 10 fr. doit faire l'objet d'une quittance *timbrée.* (D. m. fin. 31 déc. 1853; I. g. E. 2003 § 5.) . . . . (*A.*)

Mais s'il s'agit d'ouvriers auxiliaires dont l'*indigence* est régulièrement constatée, les états d'émargements de salaires, même pour sommes excédant 10 fr., sont affranchis du timbre. (D. m. fin. 9 oct. 1835; I. g. E. 1513 § 12.) . . . . . . : . . . . . . (**E.**)

ÉTATS ESTIMATIFS. — DEVIS. — *Exemption.* **—** Les détails ou états estimatifs de travaux communaux préparés par les agents de l'administration municipale ou des gens de l'art, *préalablement au devis définitif*, sont exempts du timbre lorsqu'ils ne sont pas signés par l'entrepreneur, ne sont pas *obligatoires* contre lui, et restent *indépendants* des devis. (I. g. E. 1391, n° 2.). . . . . . . **(E.)**

Mais ceux établis et signés par un entrepreneur pour être *annexés à un devis*, doivent être rédigés sur timbre de dimension. (Même instruction.) . . . . **(A.)**

ÉTATS ESTIMATIFS. — DEVIS. — *Timbre, Enregistrement.* **—** Les états estimatifs de travaux communaux, par addition aux devis primitifs, doivent, *quoique non approuvés par l'autorité supérieure*, être rédigés sur papier timbré, dès qu'ils sont produits à l'appui des mandats de paiements faits à l'entrepeneur, attendu qu'ils représentent des *mémoires*. (J. E. 13233-3.) . . . . **(A.)**

Ils donnent lieu à des droits d'enregistrement supplémentaires, s'ils sont *approuvés* par l'autorité supérieure, et forment *titres* pour les paiements, *à défaut de nouvelle adjudication*.

ÉTATS EXÉCUTOIRES. — TITRES DE RECETTES. — *Timbre.* **—** Sont assujettis au timbre de dimension, lorsqu'ils forment *titres exécutoires* contre les débiteurs, les états dressés par les maires en vertu de l'art. 63 de la loi du 18 juillet 1837, pour le recouvrement de créances municipales; mais ils ne sont passibles d'enregistrement qu'autant qu'il en est fait usage en justice. (I. g. E. 454; J. E. 15471-1.) . . . . **(A.)**

Les états de l'espèce non rendus exécutoires et joints aux comptes pour l'*ordre* de la *comptabilité*, sont affranchis du timbre. (I. g. E. 1752.) . . . . **(E.)**

ÉTATS EXÉCUTOIRES. — *V. Cens et redevances.*
　　　　　— *V. Titres de recettes.*

ÉTATS NOMINATIFS. — *V. Détenus.*
　　　　　— *V. Bourses.*
　　　　　— *V. Gendarmerie.*
　　　　　— *V. Écoles primaires.*
　　　　　— *V. Hospices.*
　　　　　— *V. Maisons de fous.*

ÉTATS. — MÉMOIRES. — *V. Mandats.*

ÉTATS PARCELLAIRES. — EXPROPRIATION. — *V. Chemins vicinaux.*

ÉTATS RÉCAPITULATIFS. — *V. Bordereaux.*

—   *V. Cimetières.*

EXÉCUTOIRES DE FRAIS DE JUSTICE. — Ils sont assujettis au timbre, s'ils exèdent 10 fr. (I. g. E. 371 § 3.) . . . . .   (*A.*)

EXÉCUTOIRES. — *V. Titres de recettes.*

EXEMPTION. — Timbre, Enregistrement. — *V. Actes adminis-tratifs.*

—   —   *V. Administration publiqué.*

—   —   *V. Engagements militaires.*

—   —   *V. Enregistrement.*

—   —   *V. États estimatifs.*

—   —   *V. Expéditions.*

—   —   *V. Indigents.*

—   —   *V. Mandats.*

—   —   *V. Rôles.*

—   —   *V. Titres de recettes.*

EXEMPTION. — Service militaire. — *Expéditions.* — *V. Actes de l'état-civil.*

—   Rétribution scolaire. — *V. Écoles primaires.*

—   Gens de guerre. — *V. Militaires.*

—   Représentations théatrales. — *V. Droit des pauvres.*

EXPÉDITIONS. — Actes de l'état-civil. — Les copies, expédi-tions ou extraits des actes de l'état-civil (actes de naissance, de mariage ou de décès) délivrés au trésorier d'une fabrique, au Receveur d'un hospice ou d'un bureau de bienfaisance, aux par-ticuliers *non indigents*, aux administrateurs des communes et des établissements publics, *dans leur intérêt*, ne peuvent être rédigés que sur papier timbré à 1 fr. 25 c. (I. g. E. 1422 § 18 ; Cass. 6 nov. 1832.) . . . .   (*A.*)

Mais les expéditions délivrées aux *indigents* sont exemptes du timbre, lorsque l'indigence y est mentionnée. (Art. 80 de la loi du 15 mai 1818, 8 de celle du 3 juillet 1846, 18-27 novembre et 10 dé-cembre 1850.) . . . .   (**E.**)

Cette exemption s'applique aux expéditions délivrées à une *admi-nistration publique*, lorsqu'il y est fait mention de cette destination. (Art. 16 de la loi du 13 brum. an VII.) . . . .   (**E.**)

EXPÉDITIONS. — Actes de remplacement militaire. — *Timbre.* — Sont exemptes du timbre les copies ou expéditions des actes qui constatent l'admission, par l'autorité, des remplaçants au service militaire, lorsqu'elles sont remises *d'office* à ces *remplaçants*. (Art. 16 L. 13 brum. an VII.). . . . . **(E.)**

Mais celles délivrées aux *remplacés* doivent être faites sur papier timbré à 1 fr. 25; ces derniers ne pouvant être assimilés aux *gens de guerre*. (D. m. fin. 16 juillet 1845.) . . . . *(A.)*

EXPÉDITIONS. — TITRES DE RECETTES ET DE DÉPENSES. — *Provisoires ou définitifs.* — Les extraits, copies et expéditions des adjudications, baux, marchés, procès-verbaux de réception de travaux et de tous autres *actes administratifs* produits, comme *pièces justificatives*, à l'appui soit de la recettte soit de la dépense des comptes des Receveurs des communes et des établissements publics, sont sujets au timbre d'après l'art. 12 L. 13 brum. an 7, lorsque ces pièces forment *titres*, et sont jointes par les Receveurs à l'appui du *compte final* de l'exercice ou du titre. . . . . *(A.)*

Mais les extraits et copies produits avec le *compte de la première année*, qui ne sont destinés qu'à justifier *provisoirement* la recette ou la dépense et n'ont d'autre objet que *l'ordre et la régularité de la comptabilité* des Receveurs, en attendant le *compte final auquel les titres en forme doivent être annexés*, ne sont pas passibles du timbre, pourvu qu'ils portent cette mention : *Pour copie (ou extrait) délivrée administrativement et pour ordre de la comptabilité ; l'expédition en forme devant être produite en 18.. avec le compte final.* (D. m. fin. 18 avril 1846; I. g. E. 1752.) . . . . **(E.)**

EXPÉDITIONS D'ADJUDICATIONS, MARCHÉS, TRAITÉS ET SOUMISSIONS. — Sont sujettes au timbre les expéditions des procès-verbaux d'adjudications, des marchés, traités, soumissions et actes de toute nature, délivrées aux Receveurs municipaux par les maires et secrétaires des administrations, et destinées à justifier *définitivement* la recette ou la dépense. Les minutes doivent rester déposées aux *archives* de la commune ou de l'établissement. (Art. 80 L. 15 mai 1818; I. g. E. 1752.). . . . . *(A.)*

EXPÉDITIONS D'ADJUDICATIONS ET MARCHÉS. — PRISONS. — *Entrepreneurs.* — Sont assujetties au timbre les expéditions des adjudications, soumissions, marchés et arrêtés relatifs aux travaux exécutés par les prisonniers pour le compte des *entrepreneurs* de ces travaux. (Art. 80 L. 15 mai 1818; I. g. E. 1752.) . . . . *(A.)*

EXPÉDITIONS. — ADMINISTRATION PUBLIQUE. — *Exemption.* — Sont exempts de timbre les extraits, copies et expéditions des actes,

arrêtés, décisions et délibérations de l'autorité administrative, lorsqu'ils sont délivrés par une administration ou un fonctionnaire public à une autre *administration publique* ou à un fonctionnaire public,
dans un intérêt *d'ordre public*, et lorsqu'il y est fait *mention* de cette
destination. (Art. 16 L. 13 brum. an VII.). . . . . **(E.)**

Cette mention doit être ainsi conçue : *Pour copie conforme délivrée
administrativement à M. le...* (titre du fonctionnaire à qui l'expédition
est délivrée). Et si la pièce doit être jointe au compte du Receveur
municipal, elle doit porter en outre ces mots : *et pour ordre de la
comptabilité*. L'absence de cette mention rend soumises au droit de
timbre les expéditions délivrées même dans l'intérêt d'un service
public.

Mais toutes les expéditions des actes, arrêtés, décisions et délibérations des autorités administratives sont sujettes au timbre, lorsqu'elles sont délivrées aux *parties* et dans un *intérêt privé*. (Art. 80
L. 15 mai 1818; I. g. E. 1752.) . . . . **(A.)**

EXPÉDITIONS. — ARCHIVES PUBLIQUES, MAIRIES. — Les expéditions, copies ou extraits de tous registres, titres et papiers déposés
dans les archives publiques, notamment dans les mairies, et qui
sont délivrés dans un *intérêt privé*, ne peuvent être rédigés que
sur du papier timbré à 1 fr. 25 c. (*V. Archives*.) (Art. 19 L. 13 brum.
an VII, 80 de celle du 15 mai 1818.) . . . . **(A.)**

EXPÉDITIONS. — AMENDES. — *Quotité*. — Les amendes encourues pour *expéditions* faites en contravention aux lois sur le timbre
et l'enregistrement sont de :

1° Pour la délivrance d'une expédition *avant l'enregistrement* de
l'acte expédié. (Art. 41 L. 22 frim. an VII.) . . . . 10 fr. » c.

2° Pour le défaut de transcription *littérale* de la rela- et le décime.
tion d'enregistrement. (Art. 44 même loi.). . . . . . 5 »

3° Pour l'expédition d'un acte faite à la suite de l'expédition d'un autre acte. (Art. 23 et 26 L. 13 brum.
an VII.). . . . . 20 »

4° Pour l'expédition faite sur papier timbré *ayant
déjà servi*. (Art. 26 même loi.). . . . . 20 »

5° Pour l'expédition faite sur papier *non timbré* ou
dont le timbre est *supprimé*. (Art. 17 et 26 même loi.). 20 »

6° Pour altération de l'empreinte des timbres. (Art.
21 et 26 même loi.) . . . . 5 »

7° Pour l'expédition contenant plus de 25 lignes à la
page de moyen papier à 1 fr. 25 c. (Art. 20 et 26 même
loi.). . . . . 5 »

8° Pour l'expédition faite sur papier inférieur à un timbre de 1 fr. 25 c. ou sur une feuille de papier timbré dont une portion a été enlevée. (Art. 19 et 26 même loi.)   10   »

Pour toutes les contraventions à la loi du 13 brum. an VII, les contrevenants doivent payer, *en outre*, les droits de timbre. (Art. 26 de cette loi.)

EXPÉDITIONS. — ARRÊTÉS DES PRÉFETS. — *Timbre*. — En général, les expéditions des arrêtés des Préfets concernant les communes et les établissements publics sont exemptes du timbre, lorsqu'elles sont délivrées à une administration publique ou à un fonctionnaire public dans un *intérêt public*, et qu'il y est fait mention de cette destination. (Art. 16 L. 13 brum. an VII.) . . . . (**E.**)

Il en est de même des expéditions des arrêtés des Préfets qui ont pour objet d'ajouter d'office au budget d'une commune ou d'un établissement public, un crédit ou une dépense quelconque (par exemple une subvention au curé), parce que ces arrêtés se rattachent aux décisions purement *administratives* exemptes du timbre. (Art. 16 L. 13 brum. an VII.). . . . . (**E.**)

Mais elles y sont assujetties lorsqu'elles sont délivrées à des particuliers ou lorsque les fonctionnaires à qui elles avaient été adressées *administrativement*, en veulent faire usage dans l'*intérêt d'une commune* ou *d'un établissement public*. (Art. 80 L. 15 mai 1818.) Dans ce cas, c'est au maire qu'il appartient de délivrer sur timbre une copie de l'expédition non timbrée qui lui a été délivrée administrativement.

Lorsqu'il s'agit d'arrêtés non sujets à l'enregistrement sur la minute, les expéditions à délivrer aux parties peuvent être mises sur le double des pétitions, lorsqu'il y a assez de blanc, et que ces pétitions ont été rédigées sur du papier timbré à 1 fr. 25 c. (I. g. E. 1391 n° 1er.). . . . . (*A.*)

EXPÉDITIONS. — ARRÊTÉS DES PRÉFETS. — *Rente, Liquidation, Remboursement*. — Sont affranchies du timbre les expéditions des arrêtés des Préfets portant *liquidation* de capitaux de rentes à rembourser aux communes, et autorisation de recevoir le remboursement de ces rentes. (I. g. E. 605.). . . . . . . (**E.**)

Mais l'expédition de l'*arrêté d'autorisation* y est assujettie, si elle est jointe au compte ou à la quittance de remboursement. (Art. 80 L. 15 mai 1818; D. m. fin. 24 fév. 1837; J. E. 11817; I. g. E. 1391.). . . . . (*A.*)

EXPÉDITIONS. — Arrêtés de préfecture. — *Roulage, Voirie.* — Les expéditions, copies ou extraits délivrés aux parties, *sur leur demande*, des décisions des Conseils de Préfecture, en matière de roulage et de grande voirie, sont assujettis au timbre. (I. g. E. 1391 n° 1er.) . . . . *(A.)*

EXPÉDITIONS. — Baux et marchés. — *Compte provisoire ou définitif.* — Sont assujetties au timbre les expéditions, copies ou extraits des baux et marchés administratifs faits pour *plusieurs années*, mais seulement lorsqu'elles sont produites avec le compte *final* ou de la *dernière année* du titre. (Art. 80. L. 15 mai 1818.). . . . *(A.)*

Mais les expéditions qui sont délivrées pour l'*ordre de la comptabilité* et sont annexées aux comptes *provisoires*, peuvent être rédigées sur papier libre, pourvu qu'il y soit fait mention de leur destination. (I. g. E. 1752.) . . . . **(E.)**

EXPÉDITIONS. — Devis, Cahiers des charges, Adjudication. — Sont assujetties au timbre les expéditions des cahiers des charges, devis, adjudications, marchés, soumissions, et de tous actes ayant pour objet les constructions, réparations, entretien, approvisionnement ou fourniture quelconque, lorsqu'elles doivent servir de *titre* aux comptables pour la recette, la dépense ou les poursuites à exercer contre les débiteurs. (Art. 80 L. 15 mai 1818; J. E. 11812; I. g. E. 1391.). . . . . *(A.)*

EXPÉDITIONS. — Ventes de bois. — *Communes.* — Sont assujetties au timbre de 1 fr. 25 c. les expéditions des procès-verbaux d'adjudication de coupes de bois des communes et des établissements publics, qui sont délivrées tant à l'adjudicataire qu'au Receveur des domaines et au Receveur de la commune ou de l'établissement. Elles doivent comprendre la copie du cahier des charges. (Art. 80 L. 15 mai 1818; I. g. E. 1401 § 10.) . . . . *(A.)*

EXPÉDITIONS. — Décisions ministérielles. — *Agents du Trésor, Mainlevées.* — Les expéditions des décisions du Ministre des Finances qui autorisent soit les Receveurs généraux ou les Payeurs, soit l'agent judiciaire du Trésor public ou les avoués, à donner des quittances notariées ou à consentir des mainlevées d'inscriptions hypothécaires prises au profit de l'État, sont exemptes du timbre par application de l'art. 16 de la loi du 13 brum. an VII; la délivrance de ces expéditions ayant lieu dans l'intérêt du *Trésor* et non des *particuliers.* (D. m. fin. 19 déc. 1840; I. g. E. 1634 § 16.) **(E.)**

EXPÉDITIONS. — DÉLIBÉRATIONS ADMINISTRATIVES. — *Timbre.*
— Sont sujettes au timbre les expéditions des *délibérations* des
Conseils municipaux ou des fabriques, qui autorisent soit le rem-
boursement de rentes, soit la mainlevée d'inscriptions hypothécaires,
soit la location des bancs dans les églises. (Art. 80 L. 15 mai 1818;
I. g. E. 1641; J. E. 10742-3.) . . . . (A.)

EXPÉDITIONS. — FORMAT, LIGNES. — *Relation d'enregistrement.*
— Aucune expédition, copie ou extrait ne peut être délivré sur un
timbre inférieur à 1 fr. 25 c., et contenir plus de vingt-cinq lignes
par page de moyen papier ou cent lignes par feuille, compensation
faite d'une page à l'autre, à peine d'une amende de 10 fr. pour
chaque contravention au timbre, et de 5 fr. pour chaque contravention au nombre de lignes. (Art. 19, 20, 26 L. 13 brum. an 7;
10 de celle du 16 juin 1824.) . . . . (A.)

Chaque expédition, copie ou extrait doit en outre contenir la copie
entière et *littérale* de la relation de l'enregistrement, quand la minute
est sujette à cette formalité, à peine d'une amende de 5 fr. pour
chaque contravention. (Art. 44. L. 22 frim. an 7.)

EXPÉDITIONS. — FORMULES IMPRIMÉES. — *Actes administratifs,
timbre extraordinaire.* — L'art. 18 de la loi du 13 brumaire an 7
laisse aux administrations publiques la faculté de se servir de papiers autres que ceux fournis par le Gouvernement. Mais d'après
l'art. 7 de la même loi, ces papiers doivent être *timbrés* à l'extraordinaire avant qu'il en soit fait *usage.* Par suite, les expéditions des
actes administratifs, de même que les minutes, peuvent être faites
sur des *formules imprimées* que l'on fait *timbrer* au chef-lieu du département, au droit de 1 fr. 25, *avant de les utiliser.* (D. m. fin. 12
pluviôse an 7. cir. 1566.) . . . . (A.)

EXPÉDITIONS. — INDIGENTS. — *Mention.* — Les expéditions des
actes, arrêtés et décisions des autorités administratives peuvent être
délivrées sur papier *non timbré*, lors même qu'elles seraient assujetties au timbre par la loi, quand elles sont destinées à des individus
indigents, mais à la condition de faire *mention* de cette indigence dans
chaque expédition. (V. *Indigents.*) (Art. 80 L. 15 mai 1818; I. g. E.
1391.) . . . . (L.)

EXPÉDITIONS. — JUGEMENTS. — *Dommages-intérêts.* — Sont assujetties au timbre les expéditions des jugements de condamnation à
des dommages-intérêts au profit des communes et des établissements
publics. (D. m. fin. 10 déc. 1827; I g. E. 1236 § 11.). . . (A.)

EXPÉDITIONS. — Décrets et ordonnances du gouvernement, des ministres. — *Timbre.* — Les ampliations, expéditions, copies ou extraits des ordonnances royales, décrets impériaux et de tous actes émanés du pouvoir exécutif, sont exemptes du timbre, même lorsqu'il en est fait usage dans l'intérêt particulier des communes et des établissements publics. (Art. 16. L. 13 brum. an 7; D. m. fin. 6 janv. 1829.) . . . . **(E.)**

Mais les expéditions des arrêtés et décisions ministérielles délivrées aux parties, dans leur intérêt *privé*, sont assujetties au timbre. (Art. 80 L. 15 mai 1818.) (V. *Lettres d'avis.*). . . . . . . *(A.)*

Il en est de même des copies des ordonnances royales qui interviennent sur les recours des communes ou des établissements publics contre des arrêtés des Conseils de Préfecture, ou sur les appels comme d'abus. (J. E. 11549-1.). . . . . *(A.)*

EXPÉDITIONS. — Quittances notariées. — *Timbre.* — Les expéditions des quittances notariées du prix des marchés passés avec l'État, les communes ou les établissements publics, doivent être rédigées sur timbre de 1 fr. 25 c. aux frais des parties prenantes. (Art. 29 L. 13 brum. an VII; I. g. E. 1504 § 6.). . . . . *(A.)*

EXPÉDITIONS. — Soumissions. — *Cahier des charges.* — L'expédition d'une soumission faite dans l'intérêt d'une commune ou d'un établissement public, doit être faite sur timbre, même lorsque cette soumission est écrite à la suite d'un cahier des charges ou d'un simple projet sur papier libre; mais, dans ce cas, le cahier des charges ou le projet, *formant titre*, doit être timbré à l'extraordinaire, ou visé pour timbre. (I. g. E. 1391; J. E. 11812-2.). . . . . . *(A.)*

EXPÉDITIONS. — Actes administratifs. —	*V. Actes administrat.*
— —	*V. Cahier des charges.*
— —	*V. Devis.*
— —	*V. Indigents.*
— —	*V. Mercuriales.*

EXPÉDITIONS. — Arrêtés des préfets. —	*V. Arrêtés des Préfets.*
— Dons et legs. —	*V.* *Id.*
— Inscriptions. —	*V.* *Id.*
— Rentes. —	*V.* *Id.*
— Acquisitions et ventes. —	*V.* *Id.*
— Hospices. —	*V.* *Id.*
— Arrêtés de préfecture. —	*V. Arrêtés-arrêts.*

EXPÉDITIONS DIVERSES. — ENFANTS-TROUVÉS. — *V. Actes de l'état-civil.*

—   ENRÔLEMENTS MILITAIRES. — *V. Id.*
—   FABRIQUE. — *V. Id.*
—   FORMULES IMPRIMÉES. — *V. Id.*
—   GENDARMES. — *V. Id.*
—   INDIGENTS. — *V. Id.*
—   MILITAIRES. — *V. Actes de l'état-civil.*
—   PRODUIT DES EXPÉDITIONS. — *V. Id.*
—   SOCIÉTÉS DE SECOURS. — *V. Id.*
—   ARRÊTÉS DES PRÉFETS. — *V. Hospices.*
—   — *V. Chemins vicinaux.*
—   — *V. Fabriques.*
—   ADMINISTRATIONS PUBLIQUES. — *V. Actes judiciaires.*
—   ACTES DE SERMENT. — *V. Serment.*
—   ABANDON DE PROPRIÉTÉ. — *V. Déclaration.*
—   BUDGETS. — *V. Budgets.*
—   COMPTABLES PUBLICS. — *V. Comptes.*
—   COMPTES DES RECEVEURS. — *V. Id.*
—   COUR DES COMPTES. — *V. Arrêtés-arrêts.*
—   DÉCISIONS MINISTÉRIELLES. — *V. Lettres d'avis.*
—   DÉLIBÉRATIONS. — *V. Registres.*
—   — *V. Délibérations.*
—   EXPROPRIATION. — *V. Chemins vicinaux.*
—   EXTRAITS ET COPIES. — *V. Mercuriales.*
—   FRACTION DE FEUILLE. — *V. Papier timbré.*
—   NOMINATION DE GARDES. — *V. Gardes champêtres.*
—   — *V. Gardes particuliers.*
—   RÉPONSES AUX PÉTITIONS. — *V. Pétitions.*
—   TRAVAUX COMMUNAUX. — *V. Devis.*
—   TRAVAUX PUBLICS. — *V. Id.*
—   VENTES D'IMMEUBLES. — *V. Adjudications.*

EXPERTISES. — FRAIS. — *Procès-verbaux, Timbre, Enregistrement.* — Sont assujetties au timbre les pièces de dépenses relatives au paiement des frais d'expertise de toute nature, notamment les *mandats exécutoires* (V. ces mots) délivrés par les Préfets au profit des experts, lorsque la dépense excède 10 fr. (I. g. E. 454.).   (A.)

Sont sujets au timbre et à l'enregistrement les procès-verbaux d'expertises de terrains ou bâtiments appartenant aux communes et aux établissements publics. (I. g. E. 1391.) . . . . . . (*A.*)

EXPERTS. — Salaires. — *V. Chemins vicinaux*.

EXPROPRIATION. — Utilité publique. — *Communes*. — Les acquisitions d'immeubles faites à l'amiable ou par adjudication par les communes et les établissements publics, même en vue *d'utilité publique*, mais sans l'accomplissement des formalités prescrites par la loi du 3 mai 1841, ne doivent pas jouir du bénéfice du timbre et de l'enregistrement *gratis* accordé par l'art. 68 de cette loi, lors même qu'une ordonnance royale, *postérieure* au contrat, a autorisé l'acquisition des immeubles, *mais sans déclarer l'utilité publique*. Ces formalités consistent notamment dans le décret ou l'ordonnance royale qui déclare l'utilité publique, et l'arrêté du Préfet qui désigne les parcelles à exproprier. (I. g. E. 2010 § 1er.). . . . . . (*A.*)

EXPROPRIATION. — Acquisitions. — *V. Chemins vicinaux*.
    —   Expéditions. — *Quittances.* — V. *Idem*.
    —   Entrepreneurs. —   V. *Idem*.
    —   Acquisitions amiables. — V. *Départements*.

EXTRAITS ET COPIES. — *V. Matrices cadastrales*.
    —   *V. Contribution foncière*.
    —   *V. Expéditions*.
    —   *V. Mercuriales*.

F.

FABRIQUES. — Acquisitions. — *Donations et legs*. — Les acquisitions, donations et legs au profit des fabriques des églises, sont assujettis aux droits ordinaires de timbre et d'enregistrement. (Art. 17 L. 18 avril 1831; I. g. E. 1362.). . . . . (*A.*)

FABRIQUES. — Archives. — *Communication*. — Les trésoriers des fabriques sont tenus de communiquer, à toute réquisition, aux employés de l'enregistrement, les actes, titres et pièces qui sont assujettis au timbre et à l'enregistrement par l'art. 78 L. 15 mai 1818, à peine d'une amende de 10 fr. en cas de refus. (Art. 52 L. 22 frim. an VII, et 10 de celle du 16 juin 1824.)

FABRIQUES. — Arrêtés d'autorisation. — *Expéditions*. — Les expéditions des arrêtés des Préfets rendus dans l'intérêt *particulier* des fabriques, notamment pour autoriser l'acceptation de dons et legs, le remboursement de rentes et le placement ou retirement de fonds, doivent être délivrées sur papier timbré à 1 fr. 25 c., lorsqu'elles doivent être annexées à un acte public ou au compte du trésorier. (Art. 80 L. 15 mai 1818; J. E. 11953.). . . . . . (*A.*)

FABRIQUES. — DÉLIBÉRATIONS. — *Bancs d'églises, Location.* — Sont assujettis au timbre sur la minute et les expéditions, les délibérations des conseils de fabriques et les actes ayant pour objet la location des bancs et chaises dans les églises. (D. m. fin. 10 déc. 1839.) . . . . (*A.*)

Les adjudications de ces bancs sont des *actes administratifs* sujets au timbre et à l'enregistrement dans le délai de vingt jours, à partir de l'approbation supérieure. (Art. 78 L. 15 mai 1818; I. g. E. 454.) . . . . (*A.*)

FABRIQUES. — COMPTABILITÉ. — *Timbre.* — Toutes les pièces relatives à la comptabilité des fabriques des églises, chapelles et des consistoires protestants, sont, comme celles concernant la comptabilité des communes et des établissements publics, assujetties au timbre, notamment lorsqu'il s'agit de dépenses excédant 10 fr. et de factures ou mémoires de fournitures. (D. m. fin. 12 mars 1827, et 19 nov. 1828; I. g. E. 1210 § 14, et 1231 § 1.) . . . . . (*A.*)

FABRIQUES. — REGISTRES. — *Adjudications, Marchés.* — Les registres tenus par les administrations des fabriques sont exempts du timbre. (Décret du 30 déc. 1809; I. g. E. 504). . . . (**E.**)

Mais les adjudications, baux, soumissions, marchés, traités et tous autres actes dans lesquels des *tiers* concourent avec les fabriques, ne peuvent être inscrits sur ces registres, attendu que, d'après l'art. 78 de la loi du 15 mai 1818, tous les actes de l'espèce sont sujets au timbre et à l'enregistrement sur les *minutes*, après approbation, et au timbre sur les extraits, copies et *expéditions* qui en sont délivrés dans *l'intérêt* des particuliers ou de l'établissement. (I. g. E. 454.). . . . . (*A.*)

FABRIQUES. — SUBVENTIONS ET SECOURS. — *Mandats, Quittances.* — Sont sujets au timbre les mandats de subventions ou secours accordés aux fabriques par l'État, les départements ou les communes et *quittancés* par les trésoriers. (D. m. fin. 17 août 1827; I. g E. 1236 § 12.). . . . . (*A.*)

FABRIQUES. — TRÉSORIERS. — *Comptes (double des).* — Le double du compte rendu par le trésorier d'une fabrique, et qui lui sert de *décharge* de sa gestion, est assujetti au timbre. (D. m. fin 12 mars 1827 et 19 nov. 1828; I. g. E. 1210 § 14 et 1231 § 1er.) . . (*A.*)

FABRIQUES PROTESTANTES. — APPROBATION ADMINISTRATIVE. — *V. Acte notarié.*

FABRIQUES. — ACTES ADMINISTRATIFS. — *V. Droits d'enregistrement.*
— ARCHIVES. — *V. Communication.*
— EXPÉDITIONS. — *V. Actes de l'état-civil.*
— LEGS. — *Acceptation.* — *V. Arrêtés des préfets.*
— TIMBRE. — *Enregistrement.* — *V. Délibérations.*

FACTURES ET MÉMOIRES. — FORMULES IMPRIMÉES. — *Mandats, Visa pour timbre.* — En général, les factures ou mémoires, *quel qu'en soit le chiffre,* des marchands, fabricants, ouvriers, fournisseurs, entrepreneurs et créanciers à différents titres des communes et des établissements publics, sont assujettis au timbre, suivant la dimension du papier employé. (Art. 12 L. 13 brum. an VII ; I. g. E. 1381 § 9, et 1391 no 6.) . . . . (*A.*)

Ils doivent être rédigés sur *papier timbré,* et ne peuvent être visés pour timbre ou timbrés à l'extraordinaire *sans amende.* (I. g. E. 1180 § 9.)

Toutefois, les *formules imprimées* destinées à la rédaction des factures et mémoires de fournitures et des autres dépenses, peuvent être *timbrées à l'extraordinaire* au chef-lieu de département, ou *visées pour timbre* dans tous les bureaux d'enregistrement, *mais avant qu'il en soit fait usage.* (I. g. E. 1307 § 14.)

Il en est de même pour les mandats au dos desquels sont *imprimés* des cadres destinés à la rédaction des factures et mémoires. Mais il y aurait contravention à l'art. 12 de la loi du 13 brum. an VII, si le visa pour timbre était d'une date *postérieure* à celle de la facture ou du mémoire ou de la quittance donnée par la partie. Dans ce cas la facture, le mémoire ou la quittance devraient être considérés comme écrits sur *papier non timbré,* et l'amende de 5 fr. serait encourue. (Rép. gén. no 5985-3.)

FACTURES ET MÉMOIRES. — CONTENUS DANS LES MANDATS. — *Quittances.* — Lorsque le prix des fournitures n'excède pas 10 fr., on peut se dispenser d'exiger une facture ou mémoire sur timbre. Mais alors le détail et le prix des objets fournis doivent être énoncés dans *le corps même* du mandat. (D. m. fin. 20 déc. 1834; I. g. E. 1481 § 17.). . . . . (**E.**)

Dans ce cas, la quittance donnée au pied ou en marge du mandat, est elle-même exempte du timbre. (I. g. E. 1273.) . . . . . (**E.**)

FACTURES ET MÉMOIRES. — Séparés ou mis au dos des mandats. — Sont assujettis au timbre de dimension les factures et mémoires de fournitures rédigés séparément ou placés au dos des mandats. (Art. 12 L. 13 brum. an VII.) . . . . (*A.*)

Dans l'un et l'autre cas, le timbre est dû, lors même que le montant de la facture ou du mémoire n'excède pas 10 fr. (I. g. E. 1381 § 9, et 1391 n° 6.) . . . . (*A.*)

Quant aux mandats au dos desquels sont *imprimés* des cadres destinés aux factures ou mémoires, ils doivent être timbrés à l'extraordinaire ou visés pour timbre *avant* la rédaction de ces factures ou mémoires, sous peine d'amende de 5 fr. (I. g. E. 1307 § 14; Rép. gén. 5985-3.). . . . . (*A.*)

FACTURES ET MÉMOIRES. — Travaux par régie ou économie. — *Entrepreneurs.* — Sont assujettis au timbre les factures et mémoires, *quel qu'en soit le chiffre*, des travaux de toute nature, exécutés, même par *régie* ou *économie*, avec *entrepreneurs* ou *fournisseurs.* (Art. 12 L. 13 brum. an VII; I. g. E. 1391 n° 6.). . . (*A.*)

FACTURES ET MÉMOIRES. — *V. Mandats.*

      —   *V. Militaires.*

      —   *V. Hospices.*

      —   *V. Bureaux de bienfaisance.*

FAIRE-PART. — Avis. — *V. Billets.*

FÊTES NATIONALES. — Frais et fournitures. — *Quittances.* — Les quittances pour frais, fournitures et dépenses diverses faites à l'occasion des fêtes nationales, sont assujetties au timbre, lorsque la dépense excède 10 fr. et qu'il y a un *entrepreneur* ou un *fournisseur.* . . . . (*A.*)

Il en est de même pour les dépenses relatives aux fêtes patronales. (Art. 12 L. 13 brum. an VII; I. g. E. 454.) . . . . . . (*A.*)

FÊTES PATRONALES. — Frais et fournitures. *V. Fêtes nationales.*

      —   Affiches. — *V. Affiches.*

FEUILLE DE PAPIER TIMBRÉ. — Partie enlevée. — *V. Papier timbré.*

FOIRES ET MARCHÉS. — Visites. — *V. Bestiaux.*

      —   Prix et encouragements. — *V. Primes.*

FONDS VERSÉS OU PLACÉS AU TRÉSOR. — Récépissés. — *Quittances, Décomptes.* — Sont affranchis du timbre, par application de l'art. 16 L. 13 brum. an VII, les récépissés délivrés par les Receveurs des finances aux Receveurs municipaux pour versements de fonds faits au *Trésor public* pour le compte des communes et des établissements publics. (D. m. fin. 1er mai 1822 ; I. g. E. 1044.) **(E.)**

Il en est de même des quittances données par ces Receveurs pour remboursement du capital et des intérêts des fonds placés, ainsi que des décomptes d'intérêts qui accompagnent les paiements. (D. m. fin. 30 déc. 1831 ; I. g. E. 1394.) . . . . **(E.)**

FONDS PLACÉS OU EMPRUNTÉS. — Capital. — *Intérêts, Décomptes.* — Sont assujetties au timbre les quittances données par les Receveurs municipaux par suite du paiement des intérêts ou du remboursement du capital dû à raison de fonds prêtés ou empruntés par les communes et établissements publics, à d'autres que le *Trésor public* . . . . **(A.)**

Il en est de même des décomptes qui accompagnent les paiements des intérêts. (Art. 12 L. 13 brum. an VII.). . . . . **(A.)**

FONDS VERSÉS OU PLACÉS AU TRÉSOR. — *V. Quittances.*

 — **PRÊTÉS OU EMPRUNTÉS.** — *V. Emprunts.*

FONDS DE RETENUE. — Retraites. — *V. Pensions.*

FONTAINES ET BORNES. — Entretien. — *Visites.* — Sont sujettes au timbre lorsqu'elles excèdent 10 fr., les quittances des *salaires* payés pour frais de visite et d'entretien des bornes et fontaines communales, même à titre d'*abonnement annuel*. Les dépenses de l'espèce ne peuvent faire l'objet d'un *traitement*. (Art. 12 L. 13 brum. an VII ; J. E. 11671-5.) . . . . **(A.)**

FORCEMENTS EN RECETTE. — Comptables. — *V. Quittances.*

FORMAT. — Papier timbré. — *V. Expéditions.*

 —   —   — *V. Minutes.*

FORMULES IMPRIMÉES. — Expéditions. — *V. Actes de l'état-civil.*

 —   Administrations publiques. — *V. Expéditions.*

 —   Mandats. — *V. Factures.*

 —   Affouage. — *V. Rôles communaux.*

FOURNITURES. — Bureaux. — *V. Ecoles primaires.*

 — De la guerre. — *V. Militaires.*

 — Factures et mémoires. — *V. Bureaux de bienfaisance.*

 —   — *V. Hospices.*

FOURNITURES. — Mairies. — *V. Frais de bureaux.*
— Matériaux. — *V. Chemins vicinaux.*
— Prisons. — *V. Détenus.*
— Supplément de prix. — *V. Adjudications et marchés.*

FOURS. — Visites. — *V. Cheminées.*

FRACTION DE FEUILLE. — *V. Papier timbré.*

FRAIS DE BUREAUX DE MAIRIES.—Quittances des greffiers. — Sont assimilées aux quittances de *fournisseurs* et par suite assujetties au timbre, lorsqu'elles excèdent 10 fr., les quittances données par les greffiers et secrétaires des mairies pour frais et fournitures de bureaux, même par *abonnement*. (Art. 12 L. 13 brum. an VII; D. m. fin. 11 fév. 1835; J. E. 11212.). . . . . (*A.*)

FRAIS DE BUREAUX DE MAIRIES. — Loyers, Entretien. — *Quittance du Maire.* — Est assujettie au timbre, lorsqu'elle excède 10 fr., la quittance donnée par le Maire au Receveur municipal de la somme qui lui est allouée annuellement pour frais de ses bureaux et pour loyers de la maison commune, lorsque la mairie est établie *dans la maison du maire.* . . . . (*A.*)
Mais les quittances des sommes allouées annuellement au maire par abonnement, pour l'entretien de la maison commune, en sont exemptes, quand il n'y a pas de *mémoires* d'ouvriers ou de fournisseurs, et que les réparations ont été faites à une propriété *communale.* (D. m. fin. 31 mars 1824; t. g. E. 1132 § 16.) . . . (**E.**)

FRAIS ET FOURNITURES.—Écoles primaires.—*V. Instituteurs.*
— Quittances. — *V. Fêtes nationales.*
— Dépenses diverses. — *V. Fournit.*
— Mairies. — *V. Entretien.*

FRAIS DE JUSTICE. — *V. Exécutoires.*
— D'EXPERTISES. — *V. Expertises.*
— ET HONORAIRES. — *V. Mémoires.*

FRAIS DE PERCEPTION. — Receveurs. — *V. Impositions locales.*
— — *V. Quittances.*

FRAIS DE POURSUITES. — Prestations. — *V. Chemins vicinaux.*

FRAUDES DANS LA VENTE DES MARCHANDISES. — Amendes attribuées. — Sont affranchies du timbre, comme pièces de pure administration, les quittances données pour les *deux tiers* attribués aux communes dans le produit des amendes proponcées en vertu de la loi du 27 mars 1851, relative à la répression de certaines fraudes dans la vente des marchandises.

Il en est de même des *états* d'attribution joints aux comptes des Receveurs pour justifier les recettes de l'espèce. (I. g. E. 1391.) **(E.)**

G.

GARDES-CHAMPÊTRES. — ALLOCATIONS DIVERSES. — *Quittances.* — Toutes quittances données par les gardes-champêtres, pour sommes payées en dehors de leurs traitements et suppléments de traitements annuels, à titre de secours, gratifications, salaires ou indemnités, sont assujetties au timbre, si la somme excède 10 fr. (Art. 12 L. 13 brum. an VII.). . . . . *(A.)*

GARDES-CHAMPÊTRES. — CHEMINS VICINAUX. — *Salaire de surveillance.* — Est assujettie au timbre, si la somme excède 10 fr., la quittance donnée par un garde-champêtre pour *salaire* de surveillance des chemins vicinaux. (Art. 12 L. 13 brum. an VII; J. E. 13078-6.) . . . . *(A.)*

Elle en serait exempte, s'il s'agissait d'un *traitement annuel* inférieur à *300 fr.* . . . . **(E.)**

GARDES-CHAMPÊTRES. — CUMUL, TRAITEMETS. — *Quittances.* — Lorsqu'un garde-champêtre reçoit un traitement de 200 fr. en cette qualité, et un autre de pareille somme comme *cantonnier* communal, on ne peut réunir ces deux traitements pour l'application du timbre. Chacun d'eux doit être pris *isolément,* et par suite les quittances qui s'y rapportent sont exemptes du timbre, puisqu'elles ont pour objet un traitement *inférieur à 300 fr.* (J. E. 13662-5.) . . . . . **(E.)**

GARDES-CHAMPÊTRES. — NOMINATION. — *Délibération.* — Est exempte du timbre et de l'enregistrement la délibération d'un Conseil municipal, approuvée par le Préfet, portant nomination d'un garde-champêtre, moyennant un traitement accepté par cè garde, qui intervient à l'acte et le signe. (Sol. 31 août 1822; J. E. 7409.) . **(E.)**

GARDES-CHAMPÊTRES. — PROCÈS-VERBAUX. — *Timbre et enregistrement en débet.* — Les procès-verbaux de délits et contraventions dressés par les gardes-champêtres doivent être rédigés sur du papier visé pour timbre en débet, et enregistrés en débet dans les quatre jours de leur date au bureau le plus voisin de leur résidence, sous peine d'une amende de 5 fr., après avoir été *affirmés* devant le juge-de-paix du canton. (Art. 20 et 34 L. 22 frim. an VII; 74 de celle du 25 mars 1817.) . . . . *(A.)*

GARDES-CHAMPÊTRES.— TRAITEMENTS.— *V. Employés et agents.*
— — *V. Cantonniers.*
— PRESTATION DE SERMENT.—*V. Serment.*
— SURVEILLANTS. — *Salaires. — V. Che-
mins vicinaux.*

GARDES-FORESTIERS. — COMMUNES. — *Traitements. — V. Employés et agents.*

GARDE NATIONALE. — SERVICE INTÉRIEUR. — *Agents , Fournitures.* — Toutes les dépenses du service intérieur de la garde nationale, de même que les traitements d'employés et agents qui
n'excèdent pas 300 fr. par an, sont affranchis du timbre. . **(E.)**
Mais les mémoires et factures, ainsi que les quittances au-dessus
de 10 fr., pour frais de fournitures, d'entretien d'armes, loyers,
chauffage et éclairage des corps-de-garde rentrent dans le droit
commun, et sont passibles du timbre, comme dépenses laissées à la
charge des communes par la loi du 22 mars 1831. (L. 22 mars 1831,
13 juin 1851 ; I. g. E. 1422 § 16, 1802 § 3.). . . . . . **(A.)**

GARDES PARTICULIERS. — NOMINATION. — *Expéditions d'arrêtés.* — Les expéditions ou extraits des arrêtés des Préfets qui
agréent les gardes que des particuliers ont nommés ou présentés,
doivent être délivrés sur papier timbré. Mais les minutes de ces
arrêtés ne sont sujettes ni au timbre ni à l'enregistrement. (D. m. fin.
2 sept. 1830; I. g. E. 1347 § 11.) . . . . **(A.)**

GENDARMERIE. — BAUX DE CASERNEMENT. — *Timbre, Enregistrement.* — Le prix des baux de bâtiments pour le casernement de
la gendarmerie étant à la charge non de l'*État*, mais des *départements*,
il en résulte que les actes de l'espèce sont assujettis au timbre, à
l'enregistrement et à l'inscription au répertoire, en vertu de l'art. 80
L. 15 mai 1818. (I. g. E. 1391 et 1425 § 3.) . . . . . . **(A.)**

GENDARMERIE. — INDEMNITÉS DE LITERIE. —*Etats nominatifs.—*
Les quittances d'indemnités de literie dont la dépense est à la charge
du *Ministère de la guerre*, et est ordonnancée au nom des conseils
d'administration des compagnies de gendarmerie, sont exemptes du
timbre. (Art. 16 L. 13 brum. an VII.). . . . . **(E.)**
Mais celles fournies par les *entrepreneurs* des lits militaires, ainsi
que les *états nominatifs* des gendarmes qui ont reçu des lits, y sont
assujettis. (I. g. E. 1391.) . . . . **(A.)**

GENDARMERIE. — EXPÉDITIONS. — *V. Actes de l'état-civil.*
— TRANSLATION DE DÉTENUS. — *V. Quittances.*

GENS DE GUERRE. — Exemption. — *V. Militaires.*

      —   —   *V. Engagements.*

GRANDE VOIRIE. — Arrêtés. — *V. Expéditions.*

GRATIFICATIONS. — Encouragements et récompenses. — *V. Primes.*

      —   Manœuvres des pompes. — *V. Pompiers.*

      —   Secours et encouragements. — *V. Instituteurs.*

      —   Salaires et indemnités.— *V. Sages-femmes.*

      —   Secrétaires de mairies.— *V. Instituteurs.*

GREFFIERS DE MAIRIES. — Bureaux. — *V. Frais de bureaux.*

      —   Traitements.— *V. Employés et agents.*

GRÊLE. — Assurance. — *V. Polices.*

GUERRE. — Fournitures. — *V. Militaires.*

H.

HARAS. — Remise de chevaux. — *V. Certificats.*

HONORAIRES. — *V. Mémoires.*

HORLOGES. — Frais de montage et d'entretien. — *Quittances.* — Sont assujetties au timbre les quittances au-dessus de 10 fr. données pour *salaires* de montage des horloges communales, et frais d'entretien de ces horloges, même à titre *d'abonnement* annuel. Ces salaires ne peuvent faire l'objet d'un *traitement.* (I. g. E. 1099 § 1er.) . . . . (A.)

A l'égard des frais d'entretien et de fournitures, *chaque terme* échu sur le prix total forme une créance *distincte,* et doit faire l'objet d'une quittance *timbrée,* si la somme excède 10 fr. (I. g. E. 1370 § 9.)   (A.)

HOSPICES ET ÉTABLISSEMENTS DE BIENFAISANCE. —États nominatifs. — *Dépenses diverses.* — Sont assujettis au timbre les *états nominatifs* des individus admis dans les hospices et autres établissements de bienfaisance, et dressés par les administrateurs de ces établissements pour obtenir le remboursement du prix de journées de traitement ou d'autres dépenses. (I. g. E. 1391 n° 5.)   (A.)

HOSPICES D'ALIÉNÉS. — Pensions d'indigents. — *États.* — Sont exemptes du timbre, par application de l'art. 16 L. 13 brum.

an VII, les quittances des sommes payées par les communes aux hospices d'aliénés, pour les pensions des aliénés *indigents* à la charge de ces communes. Il en est de même des *états* dressés par les administrateurs des hospices pour le décompte des pensions de l'espèce, lesquels doivent être produits à l'appui des dépenses dans les comptes des Receveurs municipaux. (D. m. fin. 18 oct. 1838; I. g. E. 1577 § 26.). **(E.)**

HOSPICES CIVILS. — MILITAIRES. — *Relevés numériques.* — Sont assujettis au timbre de 35 cent., *quelle que soit leur dimension*, les relevés numériques fournis par les hospices civils à l'appui des mandats de remboursement du prix des journées de traitement des militaires malades. (Art. 12 L. 13 brum. an VII; D. m. fin. 14 mars 1846; I. g E. 1765.) . . . . **(A.)**

HOSPICES. — COMPTABILITÉ. — *Expéditions d'arrêtés.* — Sont affranchies du timbre les expéditions des arrêtés du Conseil de Préfecture qui règlent la comptabilité des hospices et qui sont délivrées *administrativement* aux trésoriers de ces établissements. . **(E.)**

Mais l'expédition qui est demandée par le Receveur, *pour son compte personnel*, doit être faite sur papier timbré à 1 fr. 25. (D. m. fin 16 nov. 1827; I. g. E. 1236 § 10.). . . . . **(A.)**

HOSPICES. — DOUBLE DES COMPTES. — *Timbre.* — Est assujetti au timbre le *double* des comptes des Receveurs des hospices qui sert de *décharge* au comptable. (D. m. fin. 16 nov. 1827; I. g. E. 1236 § 10.) . . . . **(A.)**

HOSPICES. — ECONÔME. — *Dépenses journalières, Quittances.* — Sont assujetties au timbre, lorsqu'elles excèdent 10 fr., les quittances données par l'économe d'un hospice au Receveur de cet établissement, lors du remboursement des dépenses journalières non *justifiées par des mémoires de fournisseurs.* Ces quittances ne peuvent être classées parmi les pièces de *pure administration intérieure.* Elles constatent et régularisent une opération *extérieure* dont l'économe a été l'agent intermédiaire, et forment *titre* de libération pour l'hospice. (Dél. 24-30 déc. 1839; J. E. 12455.) . . . . . **(A.)**

Il doit en être de même des quittances au-dessus de 10 fr., données à l'économe par la personne chargée de ces dépenses journalières, mais seulement lorsqu'il s'agit de *fournitures* qui auraient pu faire l'objet de *mémoires et factures;* attendu que, dans ce cas, la quittance remplace le *mémoire*, et fait *titre* pour le paiement (*V. Bureaux de bienfaisance.*)

HOSPICES. — PIÈCES DE DÉPENSES. — *Registres, Timbre.*— Les hospices tiennent sur papier timbré les mêmes registres que les communes, et sont assimilés à celles-ci pour l'application des lois sur le timbre et l'enregistrement. En conséquence les pièces justificatives des recettes et des dépenses, les marchés, adjudications, traités, soumissions, factures et mémoires, comptes et mandats *quittancés* par les fournisseurs et entrepreneurs, sont assujettis au timbre, sauf les exemptions prévues. (I. g. E. 1180 § 9.).   .   (*A.*)

HOSPICES. — PHARMACIE. — *Fournitures, Timbre.* — Sont assujettis au timbre les mémoires et factures des drogues fournies à la pharmacie d'un hospice par une sœur hospitalière, lorsqu'ils sont annexés à la comptabilité du Receveur, pour justifier la dépense. (Art. 12 L. 13 brum. an VII; D. m. fin. 1er fév. 1842.).   .   .   (*A.*)

HOSPICES. — SECOURS OU SUBVENTIONS. — *Souscriptions.* — Sont affranchies du timbre les quittances données par les Receveurs des hospices pour secours ou subventions accordés par l'État ou les communes, ou provenant de souscriptions volontaires. (I. g. E. 1391 et Sol. 31 mars 1840.) . . . . (**E.**)

HOSPICES. — DÉPÔTS D'ARGENT. — *V. Dépôts.*
—   EXPÉDITIONS. — *V. Arrêtés des préfets.*
—   ETATS NOMINATIFS. — *V. Aliénés.*
—   ADJUDICATIONS. — *V. Affiches.*
—   MÉMOIRES, RÉSUMÉ. — *V. Econôme.*
—   BARBIER. — *V. Quittances.*
—   MOIS DE NOURRICE. — *V. Enfants-trouvés.*

HOPITAUX. — *V. Hospices.*

HYPOTHÈQUES. — *V. Certificats.*

I.

IMPOSITIONS LOCALES. — FRAIS DE PERCEPTION. — *Quittances.* — Sont exemptes du timbre les quittances données aux agents du Trésor par les Receveurs municipaux pour frais de perception des impositions locales, quelle que soit la quotité de ces frais, lesquels se rattachent au recouvrement des *contributions publiques.* (Art. 16 L. 13 brum. an VII.) . . . . (**E.**)

IMPOSITIONS LOCALES. — *V. Taxes communales.*
—   *V. Quittances.*

INCENDIE. — GRÊLE. — *V. Polices d'assurance.*
—   —   *V. Primes.*

INDEMNITÉ DE BINAGE. — CURÉ. — *Traitement.* — L'indemnité
de binage accordée au curé d'une commune pour aller dire la messe
dans une autre commune dépourvue de prêtre, doit être considérée
comme un *traitement* fait par cette dernière commune. En conséquence, les quittances ne sont sujettes au timbre, qu'autant que ce-
traitement excède 300 fr. par année, indépendamment de celui alloué
par l'autre commune. (I. g. E. 1577 § 25.) . . . . **(E.)**

INDEMNITÉS. — ADULTES ET INDIGENTS. — *V. Ecoles primaires.*
—   ELÈVES SAGES-FEMMES. — *V. Sages-femmes.*
—   FRAIS DE BUREAUX. — *V. Instituteurs.*
—   LITERIE. — *Entrepreneurs.* — *V. Gendarmerie.*
—   LOGEMENT ET JARDIN. — *V. Culte.*
—   LOYERS DE MAIRIES. — *V. Frais de bureaux.*
—   MÉDECINS ET OFFICIERS DE SANTÉ. — *V. Vacci-
                        nation.*
—   SECOURS ET GRATIFICATIONS. — *V. Gardes-
                        champêtres.*

INDIGENCE. — *V. Certificats.*

INDIGENTS. — ACTES, EXPÉDITIONS. — *Exemption.* — Les lois
exemptent de tout droit de timbre et d'enregistrement les actes
concernant les individus *indigents,* mais à la condition que l'indigence y soit *régulièrement constatée.* L'omission de cette constatation
rend les droits exigibles. (Art. 16 L. 13 brum. an VII.). . . **(E.)**
    Pour les actes qui les concernent et qui sont soumis à l'enregis-
trement, la formalité est donnée *gratis.*
    Quant aux *expéditions* d'actes administratifs qui sont délivrées
aux indigents, elles peuvent aussi être faites sur papier libre, *à
la charge de faire mention de l'indigence dans chaque expédition.*
(Art. 80 L. 15 mai 1818 et 4 de celle du 10 déc. 1850; I. g. E.
1391 et 1876.). . . . . **(E.)**

INDIGENTS. — ATELIERS DE CHARITÉ. — *Quittances.* — Sont
affranchis du timbre les états de travaux et les quittances de salaires
payés aux *indigents* employés à des *ateliers de charité,* sans entrepreneur, régisseur ou fournisseur qui puisse en retirer un bénéfice
quelconque. L'ouvrier employé à l'extraction de pierres, *par atelier
de charité,* n'est pas assimilé au *fournisseur.* (Art. 16 L. 13 brum.
an VII; D. m. fin 9 oct. 1835 et 31 déc. 1853; I. g. E. 1513 § 12;
I. g. E. 2003 § 5.) . . . . **(E.)**

INDIGENTS. — MARIAGES. — *Enfants naturels.* — Doivent être visés pour timbre et enregistrés *gratis*, quand il y a lieu, les extraits des registres de l'état-civil, les actes notariés, de consentement, de publication; les délibérations de conseil de famille, les certificats de libération du service militaire, les dispenses pour cause de parenté, d'alliance ou d'âge; les actes de reconnaissance d'enfants naturels, les actes de procédure, enfin les jugements ou arrêts *dont la production est nécessaire* au mariage des *indigents*, à la légitimation de leurs enfants naturels et au retrait de ces enfants déposés dans les hospices. Mais les parties doivent justifier d'un certificat d'indigence, et *mention expresse* de la destination doit être faite dans les actes, extraits, copies ou expéditions délivrés. (Art. 4, 6 et 7 L. 10 déc. 1850; I. g. E. 1876.). . . . . **(E.)**

INDIGENTS. — SECOURS. — *Quittances.* — Sont exemptes de timbre les quittances données par des *indigents* pour les secours qui leur sont accordés, *à ce titre,* en nature ou en argent, lors même que la dépense excède 10 fr., pourvu qu'il n'y ait ni entrepreneur ni fournisseur qui puisse en retirer un bénéfice quelconque. (Art. 16 L. 13 brum. an VII; D. m. fin. 23 août 1832; I. g. E. 1236 § 12.) **(E.)**

Mais cette exemption est spéciale aux *indigents* et ne peut être étendue aux établissements publics, notamment aux *fabriques.* (I. g. E. 1132 § 16.). . . . . (*A.*)

INSCRIPTION D'ACTES SUR LE RÉPERTOIRE. — *V. Répertoires.*

INSTITUTEURS. — ACTES S. S. P. — *Défense d'en rédiger.* — Par une circulaire du 22 juin 1853, M. le Recteur de l'Académie des Vosges a défendu formellement aux instituteurs de ce département de rédiger des actes de vente, donation, partage, transaction, liquidation, testament, enfin tous actes s. s. p. « Cet abus, dit la circu-» laire, compromet à la fois les intérêts des particuliers et la dignité » du corps des instituteurs. Cette usurpation de fonctions vaut à son » auteur l'injurieux et ridicule surnom d'*avocat de village* et de *notaire* » *sous seing privé.* Enfin ces bureaux de consultation ouverts après » la classe, déconsidèrent gravement un maître, et le rendent évi-» demment passible des *peines* prononcées par l'article 33 de la loi » du 15 mars 1850.»

INSTITUTEURS. — INDEMNITÉ DE CHAUFFAGE. — *Frais de bureaux.* — Sont assujetties au timbre, lorsqu'elles excèdent 10 fr., les quittances des indemnités de toute nature accordées aux instituteurs, *même à titre d'abonnement,* pour chauffage d'écoles, frais et fournitures de bureaux, etc., lorsque l'indemnité est *indépendante* du traitement annuel. Dans ce cas, l'instituteur est assimilé au *fournisseur.* (I. g. E. 1132 § 16.) . . . . (*A.*)

INSTITUTEURS. — LIVRES ET RÉCOMPENSES. — *Quittances.* — Les quittances pour remboursement du prix des livres et récompenses distribuées aux élèves par les instituteurs communaux, sont assujetties au timbre, si la dépense excède 10 fr., de même que s'il y avait un *fournisseur.* (Art. 12 L. 13 brum. an VII.) . . . (*A.*)

Il en est de même des quittances pour remboursement du prix d'achat de livres pour les élèves *indigents.* . . . . . . (*A.*)

INSTITUTEURS. — RETENUES. — *Mandats, Quittances.* — Sont exempts du timbre les mandats et quittances de la retenue du 20e exercée sur le traitement fixe des instituteurs communaux pour la caisse d'épargne et de retraites, quel que soit le chiffre de cette retenue. (D. m. fin. 20 déc. 1834; I. g. E. 1481 § 17; L. du 15 mars 1850.) . . . . (*E.*)

INSTITUTEURS. — SECOURS. — *Encouragements, Gratifications.* — Sont sujettes au timbre les quittances données par les instituteurs des écoles primaires pour les secours et encouragements qui leur sont accordés par l'*État.* (I. g. E. 1513 § 12.) . . . . (*A.*)

Il doit en être de même pour les secours, encouragements et gratifications accordées à ces instituteurs par les *communes*, en dehors des *traitements annuels*, lorsque la somme dépasse 10 fr.   .   (*A.*)

INSTITUTEURS. — STAGE. — *Certificats.* — Sont assujettis au timbre, comme faits dans un *intérêt privé*, les certificats de stage délivrés par les Conseils académiques aux instituteurs primaires, en vertu de l'art. 61 L. 15 mars 1850. (Déc. 20 déc. 1850 art. 2.)   (*A.*)

INSTITUTEURS. — TRAITEMENT COMMUNAL. — *Quittances.* — La subvention fournie par l'État et le département, en exécution de la loi du 15 mars 1850, pour compléter le traitement de 600 fr. alloué par cette loi aux instituteurs communaux, est affranchie du droit de timbre, ainsi que la rétribution scolaire, par application de l'art. 16 de la loi du 13 brum. an VII. . . . .   (**E.**)

Il en résulte que les quittances de traitements et suppléments de traitements données par ces instituteurs, ne sont assujetties au timbre qu'autant que la *portion* de ces traitements *fournie par le budget communal* et sur les *fonds de la commune*, dépasse annuellement *500 fr.*, indépendamment de toute subvention et de la rétribution scolaire. (D. m. fin. 23 juin 1854; I. g. E. 1513 § 12 et 1760.)

INSTITUTEURS. — ADULTES OU INDIGENTS. — *V. Écoles primaires.*
    —   LOYERS ET INDEMNITÉS. — *V.   Idem.*
    —   RÉTRIBUTION SCOLAIRE. — *V.   Idem.*
    —   SUBVENTION DE L'ÉTAT OU DU DÉPARTEMENT.
                     — *V. Écoles primaires.*

INSTITUTEURS. — DURÉE DES FONCTIONS. — *V. Certificat.*

INSTITUTIONS DE BIENFAISANCE.—SUBVENTIONS.—*V. Hospices.*

INSTRUCTION PRIMAIRE. — *V. Instituteurs.*

INTÉRÊTS. — QUITTANCES. — *Décomptes.* — Sont assujetties au timbre les quittances données par les particuliers aux Receveurs municipaux pour intérêts de prix d'acquisitions ou d'obligations contractées à leur profit par les communes et les établissements publics, lorsqu'elles ont pour objet des sommes excédant 10 fr. (Art. 12 L. 13 brum. an VII.) . . . .   (*A.*)

'Il en est de même pour les décomptes de ces intérêts qui sont joints aux mandats, et forment *titres* pour les dépenses.   .   (*A.*)

INTÉRÊTS. — FONDS PLACÉS AU TRÉSOR. — *V. Fonds placés.*
    —   OBLIGATIONS OU EMPRUNTS. — *V. Caisse des dépôts*
                       et consignations.
    —   —   *V. Emprunts.*
    —   QUITTANCES PAR ÉMARGEMENTS.—*V. Acte à la suite.*

J.

JAUGEAGE ET PESAGE. — *V. Quittances.*

JOURNAL A SOUCHE. — LIVRE RÉCAPITULATIF. — *Timbre.* — Sont exempts du timbre le journal à souche et le livre récapitulatif tenus par les percepteurs pour le recouvrement des contributions directes. (Art. 16 L. 13 brum. an VII; I. g. E. 918 nº 2. . **(E.)**

Quant aux registres des recettes et dépenses communales, *V. Livres des comptes et registres.*

JOURNAUX. — *V. Abonnement.*

JUGEMENTS. — DOMMAGES-INTÉRÊTS. — *Communes.* — *V. Expéditions.*

L.

LÉGITIMATION. — ENFANTS NATURELS. — *V. Indigents.*

LEGS ET DONS. — ACCEPTATION. — *V. Arrêtés des Préfets.*

LETTRES D'AVIS DES MINISTÈRES. — MANDATS EXÉCUTOIRES DES PRÉFETS. — Sont assujettis au timbre de » 35 c., quelle que soit la dimension du papier, les lettres d'avis des ministres et les mandats *exécutoires* des préfets, lorsqu'ils ont pour objet le paiement de dépenses qui ne sont pas dans les exceptions, et sont revêtus de l'*acquit* des parties prenantes. (I. g. E. 1391, 2ᵉ partie nº 7.). *(A.)*

LETTRES DE VOITURE. — TIMBRE. — Tout écrit, titre et pièce qui contient les énonciations suffisantes pour caractériser la *lettre de voiture*, telle qu'elle est définie par les art. 101 et 102 du Code de commerce, est assujetti au timbre. (Art. 12 L. 13 brum. an VII; L. 11 juin 1842; I. g. E. 1844 § 19.). . . . . *(A.)*

LETTRES DE FAIRE PART. — *V. Billets.*

LETTRES MISSIVES. — TIMBRE. — *Visa.* — Sont affranchies du timbre, comme écrits purement *confidentiels*, les lettres missives émanées des particuliers . . . . **(E.)**

Mais elles doivent être timbrées à l'extraordinaire ou visées pour timbre, *avant qu'il en soit fait usage,* sous peine d'une amende de 5 fr. (Art. 30 L. 13 brum. an VII, et 10 L. 16 juin 1824.). . *(A.)*

LIGNES TÉLÉGRAPHIQUES. — Surveillants. — *Serment, Procès-verbaux.* — Sont assujettis au timbre et au droit fixe d'enregistrement de 3 fr. (Art. 68 § iii n° 3 L. 22 frim. an vii), les actes constatant la prestation de serment des surveillants des lignes télégraphiques. (D. m. fin. 3 fév. 1855; I. g. E. 2025 § 4.) . . .   *(A.)*

Les procès-verbaux dressés par ces agents, en vertu de l'art. 10 du décret du 27 décembre 1851, sont visés pour timbre et enregistrés *en débet.*

LIGNES. — Nombre. — *V. Expéditions.*

LISTE CIVILE. — Pensions. — *Indigents, Certificats.* — Sont exempts du timbre, les certificats délivrés aux pensionnaires de la liste civile, lorsqu'ils concernent des *indigents* et en font *mention.* (Art. 16 L. 13 brum. an vii; D. min. fin. 28 décembre 1834.).   **(E.)**

LITS MILITAIRES. — États nominatifs. — *V. Gendarmerie.*

LITERIE (Indemnité de). — *V. Gendarmerie.*

LIVRES DES COMPTES ET PRODUITS DIVERS. — Receveurs. — *Timbre.* — Sont assujettis au timbre, par application de l'art. 12 L. 13 brum. an vii, les registres, livres ou journaux sur lesquels les Receveurs des communes et des établissements publics inscrivent les recettes et les dépenses de ces communes et établissements. A l'égard du *livre des comptes* des recettes et dépenses diverses, tenu par année, et sur lequel les percepteurs, qui sont en même temps receveurs municipaux, ouvrent à chaque commune un compte spécial où ils inscrivent en détail et jour par jour, toutes les opérations appartenant à chaque service, *il n'est sujet au timbre que pour les feuilles employées pour les revenus communaux ou autres services particuliers.* (D. m. fin. 22 oct. 1819 et 10 janv. 1820; I. g. E. 918 et 941.). . . . .   *(A.)*

En cas de contravention, l'amende est de 5 fr., quel que soit le nombre des feuilles employées. (J. E. 16053-4.)

Mais les livres ou registres *auxiliaires* qui ne contiennent que des reports des livres principaux, sont affranchis du timbre. (Mêmes décisions.) (*V. Registres.*) . . . .   **(E.)**

LIVRE RÉCAPITULATIF. — *V. Journal à souche.*

LIVRES ET RÉCOMPENSES. — *V. Instituteurs.*

LOCATION VERBALE. — *V. Conventions verbales.*

LOGEMENTS MILITAIRES. — Billets. — *Quittances*. — Les billets de logements délivrés par l'administration municipale aux militaires, lors de leur passage, sont affranchis du timbre. (Art. 16 L. 13 brum. an VII.). . . . . **(E.)**

Mais les quittances des sommes payées par les communes aux aubergistes et aux logeurs par *entreprise* ou *spéculation*, sont, comme celles de tous *fournisseurs*, assujetties au timbre, si la dépense excède 10 fr. (Art. 12 même loi; D. m. fin. 27 oct. 1835.) (*A.*)

LOUPS. — Destruction. — *Primes.* — *V. Certificats.*

LOYERS DE MAIRIES. — Quittance du maire. — Est assujettie au timbre, lorsqu'elle excède 10 fr., la quittance donnée par le maire au Receveur municipal, de la somme qui lui est allouée annuellement pour loyer de la maison commune, *lorsque la mairie est dans la maison du maire.* (I. g. E. 1132 § 16.). . . . . (*A.*)

Chaque terme échu forme une créance distincte, et doit faire l'objet d'une quittance *séparée.* (I. g. E. 1370 § 9.)

LOYERS DE CORPS-DE-GARDE. — *V. Quittances.*

LOYERS ET INDEMNITÉS. — Instituteurs. — *V. Ecoles primaires.*

     —   Mairies. — *V. Frais de bureaux.*

     —   Prix de ventes et loyers. — *V. Quittances.*

LYCÉES. — Adjudications et marchés. — *Timbre.* — Les lycées, bien que dépendant de l'université, ne sont pas des établissements régis pour le compte de l'État. En conséquence les adjudications et marchés qui les concernent, sont assujettis aux droits ordinaires de timbre et d'enregistrement. (Lettre m. fin. 2 mars 1854; I. g. E. 1991.). . . . . (*A.*)

LYCÉES. — Registres. — *Bourses, Droits universitaires.* — *V. Colléges.*

M.

MAIRIES. — *V. Archives.*
    —   *V. Entretien.*
    —   *V. Expéditions.*
    —   *V. Frais de bureaux.*
    —   *V. Greffiers.*
    —   *V. Instituteurs.*
    —   *V. Loyers.*
    —   *V. Pensions de retraites.*
    —   *V. Registres.*

MAISONS CENTRALES. — FOURNITURES. — *V. Détenus.*
— — ***V. Marchés.***

MAISONS DE FOUS ET DE REFUGE. — ÉTATS NOMINATIFS. —
Sont assujettis au timbre les *états nominatifs* des individus admis
dans les maisons d'insensés et de refuge, *qui ne sont pas à la charge
du trésor public,* dressés par les administrateurs de ces établissements
pour obtenir le remboursement du prix des journées de traitement
ou d'autres dépenses. (I. g. E. 1391 n° 5) . . . . . . *(A.)*

MAISONS DE REFUGE ET D'INSENSÉS. — SUBVENTIONS. — *V.*
Hospices.
— **PRIX DE JOURNÉES OU DE TRAITEMENT.**
— *V. Hospices.*

MAISONS D'ÉCOLES. — SUBVENTIONS ET SECOURS DE L'ÉTAT. —
V. Écoles primaires.
— — ***V. Instituteurs.***
— — ***V. Subventions.***

MANDATS DE PAIEMENTS AUX COMMUNES ET HOSPICES. —
TRANSMISSION AUX PRÉFETS. — La gestion des Receveurs des communes et des trésoriers des hospices et autres établissements de
bienfaisance, est placée sous la surveillance et la responsabilité des
Receveurs généraux et particuliers des finances, à qui les Préfets
adressent *directement* les rôles d'impositions, taxes et cotïsations locales, les budgets, baux, actes et tous autres titres des recettes à
faire pour le compte de ces communes et établissements. (Art. 67
L. 18 juillet 1837; O. R. 17 sept. 1837 et 31 mai 1840.)

C'est donc à ce magistrat que les Directeurs des domaines doivent
adresser les mandats, états et autres pièces en vertu desquelles les
Receveurs de l'enregistrement ont des paiements à faire aux Receveurs des communes et des établissements de bienfaisance. (Circ.
22 juillet 1844 § 2.)

MANDATS. — DIMENSION. — *Mémoires, Quittances, Visa.* —
Quelle que soit la dimension du papier employé pour les mandats
de paiement, le droit de timbre est de 35 c., parce que c'est la
quittance apposée sur le mandat, et non le *mandat,* qui est assujettie
au timbre. (I. g. E. 454.) . . . . *(A.)*

Mais si le mandat est destiné à servir aussi de facture ou de mémoire au moyen d'une *formule imprimée* au dos, comme il tient
lieu, dans ce cas, de la *facture* ou du *mémoire,* il doit être timbré

à l'extraordinaire ou visé pour timbre au droit de 35 c., *quelle que soit sa dimension.* (I. g. E. 1307 § 14, 1239 § 1er et 1398 § 5.). . (*A.*)

MANDAT. — EFFET A VUE. — *Timbre proportionnel.* — Tout mandat, ou effet à vue, à échéance, au porteur ou à ordre, souscrit par une commune ou un établissement public, notamment pour frais d'assurance ou d'abonnement aux journaux, est assujetti au timbre proportionnel de 5 c. °/₀ jusqu'à 500 fr., et de 50 c. par 1,000 fr. au-dessus de 500 fr. (*V. Emprunts.*) (L. 5 juin 1850; I. g. E. 1854 § 1er.) (*V. Emprunts et obligations.*). . . . . . . (*A.*)

MANDATS. — FACTURES OU MÉMOIRES COMPRIS DANS LES MANDATS. — Tout mandat de paiement d'une somme au-dessus de 10 fr. doit être accompagné de la facture ou du mémoire fourni par la partie prenante. Ces factures ou mémoires, *quel qu'en soit le chiffre,* doivent être rédigés sur du timbre de dimension et ne pourraient être visés pour timbre *sans amende.* (D. m. fin. 4 août 1825; I. g. E. 1180 § 9.). . . . . (*A.*)

Si la fourniture n'excède pas 10 fr., on peut se dispenser d'exiger une facture. Dans ce cas, le détail des objets fournis et de leur prix doit être fait dans le corps même du mandat, et la quittance donnée sur ce mandat est dès lors *exempte* de timbre. (D. m. fin. 20 déc. 1834; I. g. E. 1481 § 17.) . . . . (**E.**)

MANDATS. — FACTURE NON QUITTANCÉE. — *Duplicata.* — Si la facture sur timbre n'est pas *quittancée,* la quittance mise sur le mandat, *séparé de cette facture,* est sujette au timbre. Mais si la facture et le mandat sont *timbrés,* la quittance peut être mise sur l'un ou l'autre, et même sur tous les deux, dont une par *duplicata.* (D. m. fin. 21 mars 1828; I. g. E. 1239 § 1er, et 1391, 2e partie, n° 7.) . . . . (*A.*)

MANDATS. — FACTURES ET MÉMOIRES EN FORME DE NOTES. — *Timbre.* — Lorsque, au lieu d'exiger une facture ou un mémoire *séparé* et *timbré,* on a mis au dos d'un mandat de 50 fr. *non timbré* et *quittancé,* une *note* indiquant la nature et la valeur des fournitures faites à une commune ou à un établissement public, et qui font l'objet de ce mandat, cette note, *même non signée,* peut être considérée comme constituant un *mémoire,* et comme formant *titre* pour la dépense, dans le sens de l'art. 12 L. 13 brum. an VII.

Dès lors deux droits de timbre et deux amendes sont exigibles : 1° pour la note-mémoire qui devait être rédigée sur timbre. (I. g. E. 1180 § 9.). . . . . (*A.*)

2° Pour la quittance qui devait être mise sur un *mandat timbré*.
(I. g. E. 454.) . . . . *(A.)*

Il en serait de même si, au lieu d'une *note*, il s'agissait d'un *état
d'achats d'objets mobiliers. (V. Bureaux de bienfaisance.)*

MANDATS. — ORDONNANCEMENT. — *Quittances.* — Le mandat
délivré par le maire pour l'ordonnancement de la dépense, n'est
point assujetti au timbre; c'est la quittance mise sur ce mandat, par
la partie, et formant *titre de paiement,* qui seule y est soumise, si
elle a pour objet une somme excédant 10 fr. (Art. 12 L. 13 brum.
an VII; I. g. E. 454.). . . . . *(E.)*

MANDATS. — QUITTANCE SÉPARÉE OU PAR DUPLICATA. — La
quittance d'une somme excédant 10 fr. peut être mise, soit sur la
facture ou le mémoire fourni *sur timbre* par la partie prenante, soit
sur une feuille de papier timbré *séparée,* soit sur le *mandat* même
délivré pour l'ordonnancement de la dépense. Mais dans ce dernier
cas, le mandat doit, au préalable, avoir été timbré à l'extraordinaire
ou visé pour timbre de 35 c. (I. g. E. 1398 § 5.) . . . . . *(A.)*

Lorsque la quittance est placée non sur la facture ou le mémoire
timbré, mais sur le *mandat non timbré,* il y a amende. Mais si elle
est mise sur la facture ou le mémoire *timbré* ou sur une feuille de
papier *timbré* séparée, celle apposée par *duplicata* et pour ordre sur
le mandat, *même non timbré,* est affranchie du timbre. (I. g. E.
1391, 2e partie, n° 7.) . . . . *(E.)*

MANDATS. — SECOURS ET INDEMNITÉS. — *Sinistres, Indigents.* —
Les mandats et quittances pour secours ou indemnités accordés à
des *indigents,* en cas d'incendie, de grêle, épidémie, épizootie et
autres cas fortuits, ainsi que les mémoires et factures à l'appui, sont
affranchis du timbre par application de l'art. 16 de la loi du 13 brum.
an VII, pourvu que l'indigence soit constatée et que l'origine de la
dépense soit indiquée. (D. m. fin. 23 août 1832; J. E. 10437.) *(E.)*

Cette décision s'applique également aux *pièces produites* par les
Receveurs municipaux pour justifier l'emploi des sommes accordées,
à titre de secours, à des *indigents,* dans les cas sus-désignés. (Sol.
10 nov. 1836.). . . . . *(E.)*

MANDATS. — FORMULES IMPRIMÉES. — *V. Factures et mémoires.*

   —   —   *V. Visa pour timbre.*

   —   REMISES. — *Quittances.* — *V. Décomptes.*

   —   TRAITEMENTS. — *Émargements.* — *V. Employés
et agents.*

MANDATS. — Mandats collectifs.   *V. Employés et agents.*
   —   —   *V. Octroi.*
   —   —   *V. États de journées.*
   —   —   *V. Rivières.*
   —   Mandats de paiements. — *Guerre.* — *V. Militaires.*

MANDATS EXÉCUTOIRES DES PRÉFETS. — *V. Lettres d'avis.*

MANDATS SUR LA POSTE. — *V. Postes.*

MANŒUVRES DES POMPES. — Gratifications. — *V. Pompiers.*

MANUFACTURES. — Travail. — *Enfants.* — *V. Certificats.*

MARAIS. — Dessèchement. — *V. Rôles.*

MARCHÉS D'ÉCLAIRAGE. — Enregistrement. — *Répertoire.* —
Les marchés passés par les Maires pour l'éclairage d'une ville, et
approuvés par le Préfet, sont des *actes administratifs* soumis au
timbre et à l'enregistrement, ainsi qu'à l'inscription au répertoire.
(Arr. Cass. 22 janv. 1845; I. g. E. 1743 § 6.) . . . . . . (A.)

MARCHÉS DE FOURNITURES. — Prisons. — *Timbre, Enregistre-*
ment. — Sont assujettis au timbre et à l'enregistrement dans le délai
de 20 jours, en vertu de l'art. 78 L. 15 mai 1818, les adjudications
et marchés de fournitures passés devant les préfets pour le service
des prisons; mais le droit d'enregistrement n'est que de 2 fr. fixe,
attendu que le prix de ces adjudications et marchés doit être payé
directement ou indirectement par le *Trésor public.* (D. m. fin. 29
sept. 1846, contraire à celle du 6 déc. 1842.) Rép. gén., nº 249-
2 bis. (A.)

MARCHÉS, ADJUDICATIONS. — Visa pour timbre — *V. Actes*
                                   administratifs.
   —   —   Communes. — *V. Expéditions.*
   —   —   L'État. — *V. Quittances.*

MARIAGE. — Affiches. — *V. Actes de l'état-civil.*
   —   Certificats. —   *V.*   *Id.*
   —   Militaires. —   *V.*   *Id.*
   —   Célébration religieuse. — *V. Certificats.*
   —   Dispenses. — *V. Publication.*
   —   Faire-part. — *V. Billets.*
   —   Indigents. — *V. Indigents.*
   —   Publication. — *V. Affiches.*

MALINS. — Certificats. — *V. Actes de l'état-civil.*

MATÉRIAUX. — Fournitures. — *V. Chemins vicinaux.*

MATRICES CADASTRALES. — Plans et états. — *Copies et extraits.* — Sont exempts de timbre, les extraits ou copies des matrices cadastrales, des plans et états de classements cadastraux, lorsqu'ils sont réclamés par les propriétaires pour être joints aux demandes en dégrèvement ou à des réclamations contre les opérations du cadastre. (D. m. fin. 31 mai 1807 et 14 novembre 1821; I. g. E. 137 et 1006 . . . . (E.)

Mais un notaire ne peut, sans amende, annexer ces extraits *non timbrés* à un acte de son ministère fait dans un intérêt purement *privé.* (Sol. 25 juin 1831; J. E. 10124.) . . . . (A.)

MÉDECINS. — Honoraires. — *V. Mémoires.*
      —   Traitements. — *V. Quittances.*

MÉMOIRES. — Frais et honoraires. — *Quittances.* — Les mémoires, *quel qu'en soit le chiffre,* des honoraires et frais payés par les communes et les établissements publics aux notaires, avoués, greffiers, huissiers, experts, etc., sont assujettis au timbre *suivant la dimension* du papier employé. (Art. 12 L. 13 brum. an VII.)   (A.)

Il en est de même pour les honoraires payés aux médecins, chirurgiens, sages-femmes et vétérinaires, mais seulement lorsque ces *honoraires* ne se confondent pas avec un *traitement* annuel inférieur à 300 fr. . . . . (A.)

Les quittances de ces frais et honoraires sont également sujettes au timbre lorsqu'elles excèdent 10 fr., et ne sont pas mises sur les *mémoires timbrés.* (Art. 12 L. 13 brum. an VII). . . . . . (A.)

MÉMOIRES ET FACTURES. — Sous forme de notes. — *V. Mandats.*
        —   Sous forme d'états.—*V. Bureaux de bienfaisance.*
        —   Dimension. — *V. Mandats.*
        —   Résumé de fournitures. — *V. Econôme.*

MÉMOIRES DE FOURNITURES. — *V. Factures.*
        —   *V. Chemins vicinaux.*
        —   *V. Militaires.*
        —   *V. Econôme.*

MENDICITÉ. — Dépenses. — *V. Dépôts.*

MENTION D'ENREGISTREMENT. — *V. Expéditions.*

MERCURIALES. — Extraits ou expéditions. — *Certificats.* — Les extraits des mercuriales délivrés par les maires à des fournisseurs et autres créanciers des communes et des établissements publics, pour être produits à l'appui de leurs mémoires ou des mandats de paiement, doivent être rédigés sur papier timbré. (Art. 12 L. 13 brum. an VII.). . . . . *(A.)*

Le droit de timbre est de 35 c. si l'extrait a la forme d'un *certificat,* et de 1 fr. 25 c. s'il s'agit d'une *expédition.* (Art. 19 même loi.)

MESSAGERS. — Commissionnaires. — *Salaires, Traitements.* — Sont assujetties au timbre les quittances au-dessus de 10 fr. données par les messagers et commissionnaires communaux, pour *salaires* alloués même par *abonnement.* (Art. 12 L. 13 brum. an VII.) . *(A.)*

Mais s'il s'agit d'un *traitement* annuel, le droit de timbre n'est dû pour la quittance, qu'autant que ce traitement excède 300 fr. (D. m. fin. 31 mars 1824; I. g. E. 1132 § 16.)

MESURAGE ET JAUGEAGE. — Registres. — *Timbre.* — Sont assujettis au timbre les registres des adjudicataires et agents particuliers préposés à la recette des droits de mesurage et jaugeage et des emplacements publics. (I. g. E. 371 § 6; D. m. fin. 23 oct. 1822; J. E. 7327.) . . . . *(A.)*

MILITAIRES ET GENS DE GUERRE. — Exemption. — Sont affranchis du timbre et de l'enregistrement les actes de l'état civil et tous autres actes et expéditions produits par les militaires et *gens de guerre,* pour enrôlements et engagements volontaires, congés, pensions, registres matricules, passe-ports, billets de logement, etc. (Art. 16 L. 13 brumaire an VII; 70 § 3 n° 13 de celle du 22 frimaire an VII.). . . . . *(E.)*

MILITAIRES. — Mémoires de fournitures. — *Mandats.* — Sont assujettis au timbre de dimension les mémoires et factures de fournitures pour le département de la guerre. (I. g. E. 1239 § 1er et 1273.) . . . . *(A.)*

Les formules imprimées qui servent à la rédaction de ces mémoires et factures doivent être timbrées à l'extraordinaire ou visées pour timbre à 35 c. *avant qu'il en soit fait usage.*

Quant aux mandats et ordonnances de paiement, ils sont assujettis au timbre de 35 c. payable par les marchands et fournisseurs, *avant de recevoir le paiement de leurs créances.* (I. g. E. 1286.) *(A.)*

MILITAIRES. — Passage. — *Frais.* — Sont affranchies du timbre toutes les pièces relatives au paiement des frais de gîte et geôlage des militaires de passage. (I. g. E. 1273.) . . . . (E.)

MILITAIRES. — Remplaçants. — *Pièces produites, Timbre.* — Sont assujettis au timbre, comme ne concernant pas des *gens de guerre,* tous les actes, pièces, certificats et expéditions à produire par les *remplaçants* et par les libérés du service militaire qui se présentent pour *remplacer.* (Art. 12 L. 13 brum. an VII; D. m. fin. 7 janv. 1835; I. g. E. 1489.) . . . . (A.)

MILITAIRES. — Enrôlements volontaires. — *V. Engagements.*
—   Exemptions ou libérations. — *V. Certificats.*
—   Naissances. — *Mariages, Décès.* — *V. Actes de l'état civil.*
—   Pensions. — *Expéditions.* — *V. Actes de l'état civil.*
—   Registres des corps. — *V. Certificats.*
—   Relevés numériques. — *Malades.* — *V. Hospices.*
—   Remplacement. — *V. Certificats.*

MINISTÈRE DE LA GUERRE. — Fournitures. — *V. Militaires.*

MINISTÈRES (Lettres d'avis des.) — *V. Lettres d'avis.*

MINISTRES DES CULTES. — *V. Actes de l'état-civil.*

MINISTRES PROTESTANTS. — Traitements. — *V. Culte.*

MINUTES. — Actes. — *Dimension, Timbre extraordinaire* — Les minutes des actes administratifs peuvent être rédigées sur du papier timbré de toute dimension. (Art. 12 n° 1er L. 13 brum. an VII et 78 de celle du 15 mai 1818.) . . . . (A.)
Les administrations *publiques* ont *seules* la faculté de faire timbrer à l'extraordinaire, avant d'en faire usage, les papiers qu'elles destinent à leurs actes ou expéditions. (Art. 7 et 18 L. 13 brum an VII; D. m. fin. 12 pluv. an VII; Circ. 1566.)

MINUTES ANNEXÉES AUX COMPTES. — Expéditions. — Il y a infraction aux règles de la comptabilité communale, sinon contravention passible d'amende, dans la production que fait un Receveur municipal, à l'appui de son compte de la *minute* au lieu de *l'expédition timbrée* d'un acte administratif, en vertu duquel il a fait des recettes ou des paiements. Les minutes de ces actes doivent rester déposées dans les archives des mairies ou des établissements publics, et c'est aux maires qu'il appartient d'en délivrer des expéditions sur timbre de 1 fr. 25 c. pour être annexées aux comptes des Receveurs. (J. E. 15160-3; I. g. E. 1752.)

MONTAGE. — FRAIS. — *Entretien*. — *V. Horloges.*

MONTS DE PIÉTÉ. — REGISTRES ET RECONNAISSANCES. — *Timbre.* — Sont affranchis du timbre les registres, reconnaissances d'engagement, procès-verbaux de vente et généralement tous les actes relatifs à l'administration des monts de piété, lors même qu'ils devraient être *produits en justice.* (Déc. 30 juin 1806; L. 24 juin 1851; J. E. 7295.) . . . . **(E.)**

Mais l'exemption cesse d'être applicable, lorsque le récépissé ou la reconnaissance n'a pas pour objet *le prêt sur gage.* Ainsi les récépissés donnés pour *sommes* déposées pour le compte des fabriques, hospices et autres établissements publics, doivent être *timbrés*, et même *enregistrés* avant d'être produits en justice. (D. m. fin. 5 nov. 1811; J. E. 4207; Rép. gen. 5991-2.) . . . . *(A.)*

N.

NAISSANCES. — FAIRE-PART. — *V. Billets.*

NOMBRE DE LIGNES. — AMENDE. — *V. Expéditions.*

NOMINATION DE GARDES. — *V. Gardes-champêtres.*
    —   —   *V. Gardes particuliers.*
    — DE PATRES. — *V. Pâtres communaux.*

NON-ADJUDICATION. — *V. Procès-verbal.*

NOTAIRES. — HONORAIRES. — *V. Mémoires.*

NOTES. — MÉMOIRES. — *V. Mandats.*
    —   —   *V. Bureaux de bienfaisance.*

NOTICES DES DÉCÈS. — REMISE. — *Amende.* — Les maires doivent fournir tous les trimestres au receveur de l'enregistrement de leur canton, dans le courant de janvier, avril, juillet et octobre, la notice de *tous* les décès arrivés dans leurs communes, sans en excepter les *indigents* et les *enfants* en bas âge.

L'amende, en cas de retard, est de 10 fr. (Art. 55 L. 22 frimaire an VII; 10 de celle du 16 juin 1824.)

NOURRICE (MOIS DE). — HOSPICES. — *V. Enfants-trouvés.*

NOURRICES. — Certificats. — *V. Actes de l'état-civil.*
— Indemnités. — *V. Enfants-trouvés.*

O.

OBLIGATIONS. — Départements. — *V. Emprunts.*
— Communes et établissements publics. — *V. Emprunts.*
— Assurances. — *V. Primes.*

OCTROI. — Dixième de l'état.— *Quittances, Décomptes.* — Sont affranchies du timbre les quittances données aux Receveurs municipaux pour le dixième revenant à l'État sur le produit des octrois. (Art. 16 L. 13 brum. an vii; I. g. E. 454.). . . . . . . **(E)**.

Il en est de même du *décompte* arrêté par le Directeur des contributions indirectes, visé par le maire et annexé au compte du Receveur, indiquant les frais de perception et autres prélèvements à déduire du produit brut, pour obtenir le produit *net*, et le chiffre du dixième à verser au Trésor. . . . . **(E.)**

OCTROI. — Employés. — *Traitements, Etats d'émargements* — L'état d'émargements contenant l'indication des divers traitements des employés de l'octroi peut, sans contravention au timbre, être revêtu des acquits des parties prenantes, même pour traitements annuels *excédant 300 fr.*, parce que ces acquits se rapportent tous à une *seule et même dépense*. Mais cet état émargé doit être fait sur *timbre* de dimension, attendu qu'il est annexé au mandat de paiement comme pièce *justificative* de la dépense. (I. g. E. 1231 § 2 et 1422 § 19.). . . . . **(A.)**

Quant au *mandat* auquel est annexé l'état d'émargements, et qui est *quittancé* par l'employé principal pour la somme *totale* des traitements, il doit aussi être revêtu du timbre, comme formant *titre* dans la comptabilité. (I. g. E. 1231 § 2.) . . . . **(A.)**

Lorsque par suite d'un traité passé avec une ville, l'administration des contributions indirectes est chargée de payer, à titre d'avance, le traitement des préposés de l'octroi, les quittances données au Receveur municipal par le Receveur principal des contributions indirectes, lors du remboursement des avances de l'espèce, sont soumises au timbre, par application de l'art. 12. L. 13 brum. an vii. (D. m. fin. 12 oct. 1844; I. g. E. 1732 § 16.). . . . . . **(A.)**

OCTROI EN FERME OU EN RÉGIE. — BAIL, — *Expédition.* — Lorsque la perception des droits d'octroi d'une ville a été donnée en ferme ou en régie intéressée, l'expédition du bail ou traité passé avec le fermier ou régisseur, jointe à l'appui du compte du Receveur, doit être faite sur timbre à 1 fr. 25 c. (I. g. E. 1752.) . . . (*A.*)

Toutes les autres pièces justificatives de la recette de ces droits, sont affranchies du timbre. . . . . (**E.**)

OCTROI. — REGISTRES. — *Timbre.* — Les registres des octrois municipaux, d'abord assujettis au timbre ordinaire, sont aujourd'hui soumis au timbre particulier de l'administration des contributions indirectes. (D. m. fin. 25 août 1812; I. g. E. 597.) . . . . (**A.**)

OCTROI. — SAISIES ET AMENDES. — *États de répartition.* — Les états de répartition entre les employés des octrois et *quittancés* par émargements, pour les sommes attribuées à ces employés sur le produit des saisies et des amendes, sont assujettis au timbre, lorsque la somme *totale* excède 10 fr., quand même la part revenant à chaque employé serait *inférieure* à cette somme. (D. m. fin. 20 oct. 1851 et 7 avril 1854; J. E. 16063-5.) . . . . (**A.**)

OFFICIERS DE SANTÉ. — *V. Vaccination.*

ORDONNANCEMENT. — DÉPENSES. — *V. Mandats.*

ORDONNANCES ROYALES. — DÉCRETS. — *V. Expéditions.*
       —   DISPENSE DE PUBLICATION. — *V. Publication.*

ORDRE DE LA COMPTABILITÉ. — *V. Pièces comptables.*

OUVRIERS INDIGENTS. — *V. Chemins vicinaux.*
       —   BLESSÉS. — *V. Id.*
       —   NON INDIGENTS. — *V. États de journées.*
       —   AUXILIAIRES. — *V. États de salaires.*

OUVROIRS. — TIMBRE. — *V. Salles d'asile.*

P.

PAIEMENT DES DROITS. — *V. Bureaux.*
       —   *V. Débiteurs.*
       —   *V. Délai.*

PAPIER TIMBRÉ. — FRACTION DE FEUILLE. — *Amende.* — Il y a contravention à l'art. 19 L. 13 brum. an VII, toutes les fois qu'une partie de la feuille de papier timbré employée à un acte ou expédition *a été enlevée;* qu'il soit ou non manifeste que la fraction enlevée avait ou n'avait pas servi à un autre acte. Il suffit que la feuille réduite n'ait plus la *dimension* voulue par cet article.

L'amende est de 10 fr. pour chaque contravention (art. 19 et 26 n° 4, même loi) outre le droit de timbre. (Rép. gén. n° 6151.)

PAPIERS TIMBRÉS. — Vente. — *Percepteurs commissionnés.* — Un arrêté du Ministre des finances du 8 avril 1836 (I. g. E. 1512) a autorisé l'administration de l'enregistrement à charger les percepteurs des contributions directes résidant dans les communes *où il n'existe pas de bureaux d'enregistrement,* de la vente, au prix du tarif, de certaines espèces de papiers timbrés, avec une remise uniforme de 2 1/2 p. ₀/₀ sur le prix de ces papiers.

Mais les commissions délivrées, à cet effet, appartiennent non aux percepteurs *individuellement,* mais aux *bureaux* de perception dont ils sont titulaires. (I. g. E. 1711.)

PAPIER TIMBRÉ. — Ayant déja servi. — *V. Acte.*
     —   Altération. — *V. Empreinte.*
     —   Amendes diverses. — *V. Timbre.*
     —   Actes administratifs. — *V. Minutes.*
     —   Dimension. — *Lignes. V. Expéditions.*

PASSAGE DE TROUPES. — Gite et geôlage. — *V. Militaires.*

PATENTES. — Portions attribuées aux communes. — *Quittances, États.* — Sont affranchies du timbre les quittances données par les Receveurs municipaux aux agents du Trésor public pour les portions attribuées aux communes sur la contribution des patentes. Il en est de même des états d'attributions jointes aux comptes pour justifier la recette. (I. g. E. 1391.) . . . . **(E.)**

PATRES COMMUNAUX. — Nominations. — *Exemption.* — Les nominations de pâtres, prescrites par l'art. 72 du code forestier, qui sont faites par les maires, et agréés par les conseils municipaux, sont dispensées du timbre et de l'enregistrement, par application de l'art. 80 de la loi du 15 mai 1818. (Circ. 1707; Sol. 2 oct. 1839.) .   **(E.)**

PATURAGES COMMUNAUX. — Taxes de parcours. — *Quittances.* — Sont assujetties au timbre les quittances données par les Receveurs municipaux en paiement des taxes, *dites de parcours,* établies sur les bestiaux conduits aux pâturages communaux, attendu que ces taxes représentent le *loyer* des pâturages. (Art. 12 L. 13 brum. an VII; I. g. E. 1391.). . . . . **(A.)**

PATURAGE ET PACAGE. — Rôles. — *Quittances.* — Sont passibles du timbre les rôles des taxes communales établies pour le pâturage et pacage de bestiaux sur les terrains communaux, ainsi que les quittances y relatives, lorsqu'elles excèdent 10 fr. (D. m. fin. 31 déc. 1844; I. g. E. 1732 § 17.). . . . . (A.)

PATURAGE. — *V. Taxes.*

PAYS ÉTRANGERS.—Actes. — *Timbre.*— *V. Actes de l'état civil.*
—   —   — *V. Acte passé en conséquence.*
—   —   — *V. Visa pour timbre.*

PENSIONS CIVILES.—Liquidation.—*Demandes, Pièces annexées.* — Sont assujettis au timbre les actes, expéditions, pièces et certificats produits à l'appui des demandes en liquidation de pensions civiles, à moins que les demandeurs ne soient *indigents* et qu'il en soit justifié. (I. g. E. 1231 § 3.) . . . . (A.)
Il en est de même pour les certificats de vie des pensionnaires. (A.)

PENSIONS DE RETRAITES. — Anciens employés. — *Retenues.* — Sont exemptes du timbre les quittances de pensions de retraites, *même excédant 300 fr.*, que les villes payent à leurs employés au moyen de *retenues* faites sur les traitements, et dont le montant est versé à la caisse des dépôts et consignations. (I. g. E. 1051 n° 5; J. E. 14895-5.) . . . . (E.)

PENSIONS. — Indigents. — *V. Aliénés, Hospices.*
—   —   *V. Certificats de vie.*
—   —   *V. Liste civile.*
—   Militaires. — *V. Actes de l'état-civil.*
—   Retenues. — *V. Instituteurs.*
—   Secours. — *V. Employés.*
—   Services. — *V. Certificats.*

PERCEPTEURS. — Vente de timbres. — *V. Papiers timbrés.*

PERCEPTION. — Frais. — *V. Quittances.*

PERMIS DE CHASSE. — Demandes. — *Timbre.*— Les demandes soit primitives soit en renouvellement de permis de chasse, doivent être rédigées sur papier timbré de dimension. (D. m. fin. 28 août 1849; I. g. E. 1838.). . . . . (A.)

PERMIS DE CHASSE. — Quittances. — *Exemption.* — Sont exemptes du timbre, comme relatives aux contributions publiques, les quittances que les percepteurs détachent de leur livre à souche pour constater le payement du prix des permis de chasse, et qui doivent être jointes aux demandes timbrées de ces permis. (D. m. fin. 22 fin. 1838; I. g. E. 1577 § 27.) . . . . **(E.)**

PÉTITIONS. — BOIS DES COMMUNES. — *Administration*. — Sont exemptes de timbre les pétitions ou demandes des communes et des établissements publics relatives à la gestion et à la surveillance de leurs bois par l'administration des forêts. (D. m. fin. 12 juin 1850; J. E 14964-6.) . . . . **(E.)**

PÉTITIONS (RÉPONSES AUX). — DOUBLE. — *Timbre*. — La réponse à une pétition peut être mise sur l'un des doubles de cette pétition, s'il a été rédigé sur du papier timbré à 1 fr. 25 c.; cette pièce tenant alors lieu de l'*expédition* de la décision. (D. m. fin. 23 avril 1829; J. E 9288.) . . . . *(A.)*

PÉTITIONS. — TIMBRE. — *Exceptions*. — Toute demande, pétition ou réclamation adressée aux Ministres, aux autorités constituées, aux administrations et aux établissements publics, même sous la forme d'une lettre ou d'un mémoire, doit être écrite sur du papier timbré de dimension , lorsqu'elle est relative aux intérêts privés des communes et des établissements publics. (Art 12 L. 13 brum. an VII; I. g. E. 1291.) . . . . *(A.)*

Il n'y a d'exception que pour les pétitions adressées aux chambres, et celles en dégrèvement de contributions directes, *lorsque la cote est inférieure à 30 fr.* (L. 21 avril 1832 art 4); enfin pour celles formées par les particuliers ou les maires à l'effet d'obtenir des secours pour des *indigents*, en cas de sinistres. (D. m. fin. 15 sept. 1849; J. E. 14798-7.) . . . . **(E.)**

PÉTITIONS EN REMISE. — AMENDES. — *Forme*. — Les pétitions que forment les Maires et les Receveurs des communes et des établissements publics, à l'effet d'obtenir la remise des amendes de timbre et d'enregistrement relevées à leur charge (*V. Responsabilité*) dans les comptes de ces Receveurs, doivent être rédigées sur papier timbré de dimension et à *mi-marge*, adressées au Ministre des Finances, et remises au Receveur de l'enregistrement du canton, lequel les transmet, avec ses observations et son avis, à son Directeur qui provoque la décision du Ministre. . . . . . . *(A.)*

Ces pétitions doivent toujours faire connaître que les *droits* de timbre ou d'enregistrement ont été *payés*.

PÉTITIONS EN DÉGRÈVEMENT. — *V. Contributions directes.*

PIÈCES COMPTABLES. — DROIT AU PAIEMENT. — *Ordre de la comptabilité*. — La règle générale établie par l'art. 12 L. 13 brum.

an VII, qui assujettit au timbre tous les actes et écritures, extraits, copies ou expéditions, soit publics, soit s. s. p., *devant* ou *pouvant faire titre*, s'applique rigoureusement aux *pièces de toute nature* qui constatent le *droit au paiement*, et non à celles qui ne sont jointes aux comptes que pour *l'ordre de la comptabilité*. Cette distinction est importante. (I. g. E. 1273 et 1752.) . . . . (*A.*)

PLANS ET DEVIS. — TIMBRE. — *Enregistrement.* — Le plan annexé au devis, faisant corps avec lui et rendu comme lui *obligatoire* pour l'adjudicataire ou l'entrepreneur, doit, comme le devis lui-même, être *timbré* et *enregistré* avant qu'il soit procédé à l'adjudication, à peine d'une amende de 20 fr. pour la contravention au timbre (art. 24 et 26 L. 13 brum. an VII) et de 10 fr. pour le défaut d'enregistrement (art. 42 L. 22 frim. an VII.) . . . . . (*A.*)

Mais il est dispensé de cette double formalité, s'il est *indépendant* du devis, s'il n'y est pas mentionné, ni rappelé dans le cahier des charges ou l'adjudication, ni *signé* de l'entrepreneur . . . (**E.**)

PLANS ET DEVIS. — COMMUNES. — *V. Devis.*

    —   —   —   — *V. Chemins vicinaux.*

   — CADASTRAUX. — EXTRAITS. *V. Matrices cadastrales.*

POLICES D'ASSURANCES. — ADHÉSIONS. — *Doubles, Quittances.* — Sont assujettis au timbre et à l'enregistrement, lorsqu'on en veut faire *usage* dans un acte public, les polices d'assurances des compagnies à primes, les actes d'adhésions aux statuts des compagnies d'assurances mutuelles, les doubles de ces polices et adhésions, ainsi que toutes les conventions postérieures au contrat primitif, à peine d'une amende de 50 fr. contre l'assureur, sans aucun recours contre l'assuré. (L. 7, 22 mars, 5 juin 1850. I. g. E. 1873.) . (*A.*)

Il en est de même des quittances de primes. (*V. Primes.*). (*A.*)

En cas d'abonnement avec l'État dans les cas prévus par cette loi, la formalité du timbre est donnée *gratis*. (Circ. 29 sept. 1851.) (**E.**)

POMPIERS. — MANŒUVRES. — *Certificats, Gratifications, Indemnités.* — Sont affranchis du timbre, comme actes relatifs à la *police générale :*

1° Les certificats délivrés par le capitaine des sapeurs-pompiers et indiquant les hommes qui ont assisté aux manœuvres des pompes;

2° Les quittances, soit individuelles, soit par émargements, des gratifications, même excédant 10 fr., accordées par la commune pour ces manœuvres;

3° Les quittances des gratifications ou indemnités accordées pour travaux d'incendie, quand il n'y a ni *entrepreneur*, ni *fournisseur.*

(Art. 16. L. 13 brum. an VII. Dél. 21 déc. 1830; J. E. 9874.).   (E.)

POMPIERS (VEUVES DE). — *V. Employés et agents.*
—   *V. Secours et pensions.*

PORTS DE LETTRES. — *V. Quittances.*

POSTES. — MANDATS OU RECONNAISSANCES. — *Timbre.* — Les mandats et reconnaissances d'articles d'argent délivrés par l'administration des postes, sont assujettis au timbre, lorsqu'ils ont pour objet des sommes excédant 10 fr. (D. m. fin. 25 avril 1833; I. g. E. 1425 § 10.). . . . .   (*A.*)

POUVOIRS. — *V. Procurations.*

PRÉFECTURES. — REGISTRES. — *Timbre.* — Il doit être tenu dans les Préfectures et Sous-Préfectures deux registres ou répertoires, l'un en *papier timbré* pour inscrire tous les actes sujets au timbre et à l'enregistrement, d'après l'art. 78 L. 15 mai 1818.   (*A.*)

L'autre en *papier libre*, pour les actes non sujets à ces formalités et relatifs à des objets *d'ordre et d'administration générale.* (D. m. fin. 7 fév. 1817; I. g. E. 765.). . . . .   (E.)

Le registre destiné aux déclarations de surenchère, en matière d'adjudication de coupes de bois de l'État doit être timbré. Les droits de timbre sont avancés par le secrétaire, et remboursés par l'adjudicataire en même temps que ceux dus pour le timbre et l'enregistrement de l'adjudication. (D. m. fin. 1er mai 1828; I. g. E. 1251 § 2.) . . . .   (*A.*)

PRESCRIPTION. — COMMUNES ET ÉTABLISSEMENTS PUBLICS. — *Droit commun.* — Les communes et les établissements publics sont soumis aux mêmes prescriptions que les *particuliers*, et peuvent également les opposer. (C. N. 2227.)

PRESCRIPTION. — DROITS ET AMENDES. — *Timbre et enregistrement.* — Les *droits* de timbre ne se prescrivent que par *30 ans* (I. g. E. 1189 § 10). A l'égard des *amendes* de timbre et des *droits et amendes d'enregistrement*, la prescription est de *2 ans*, et elle ne court, à l'égard des pièces annexées aux comptes des communes et des établissements publics, que *du jour* où les employés de l'enregistrement ont été mis à portée de constater les contraventions par la vérification de ces comptes. (Art. 61 L. 22 frim. an VII; art. 14 L. 16 juin 1824; I. g. E. 1481 § 14 et 1618 § 6.)

PRESTATIONS. — CHEMINS VICINAUX. — *Rachat, Quittances.* — Sont exempts du timbre les récépissés ou quittances délivrés par les

Receveurs des finances pour rachat des prestations en nature sur les chemins vicinaux. (I. g. E. 1391.). . . . . **(E.)**

Il en est de même des quittances données par les Receveurs municipaux aux agents du Trésor, en paiement des rôles de prestations en nature et en argent votées pour ces chemins. (D. m. fin 30 déc. 1831; I. g. E. 1391.). . . . . **(E.)**

PRESTATIONS. — Chemins vicinaux. — *Rôles*. — Les rôles des prestations en nature et en argent dressés pour la confection ou la réparation des chemins vicinaux, ainsi que les quittances délivrées par suite des paiements, sont dispensés du timbre, comme se rattachant aux *contributions directes*. (Art. 16 L. 13 brum. an VII; I. g. E. 1391.) . . . . **(E.)**

PRESTATIONS. — Frais de poursuites. — *V. Chemins vicinaux.*

PRESTATIONS DE SERMENT. — *V. Serment.*

PRÊTS SUR NANTISSEMENT. — *V. Caisse des dépôts.*

PRIMES D'ASSURANCE. — timbre. — *Amendes, Responsabilité.* — Toute quittance de primes d'assurance contre l'incendie, la grêle, etc., est assujettie au timbre, lorsque la somme excède 10 fr. pour *chaque annuité*, et pour chaque compagnie. (Art. 12 L. 13 brum. an VII.) . . . . **(A.)**

Il en est de même des bordereaux ou avertissements annexés aux mandats de paiement, s'ils ont le caractère de *factures* ou *mémoires*, ou s'ils portent *quittances* de sommes *supérieures à 10 fr.*, sans qu'une autre quittance *timbrée* soit annexée. (Sol. 10 mai 1843.) . . . . **(A.)**

Lorsqu'à un mandat de 10 fr. délivré par le maire, au profit de l'agent d'une compagnie d'assurances contre l'incendie, pour la prime d'une année, sont annexés, *sur papier non timbré*, la police d'assurance (*V. Polices*), et le mandat à vue ou à présentation tiré sur le maire par le Directeur de cette compagnie, lequel a apposé sa signature sur ce mandat pour tenir lieu d'*acquit*, les droits de timbre de la police et du mandat quittancé, de même que les amendes de timbre exigibles sur les pièces annexées, doivent être relevés à la charge du Receveur municipal qui a admis ces pièces justificatives, sans qu'elles aient été soumises au timbre ou au visa pour timbre, sauf le recours de ce receveur contre les contrevenants pour les *droits de timbre* seulement. (J. E. 13269-4.) (*V. Responsabilité.*)

PRIMES. — GRATIFICATIONS. — *Quittances.* — Sont assujetties au timbre les quittances données pour les primes, gratifications, récompenses et encouragements accordés, soit aux propriétaires de chevaux, pour prix de courses, soit aux cultivateurs, éleveurs et fermiers pour produits exceptionnels amenés aux foires et marchés. (Art. 12 L. 13 brum. an VII; I. g. E. 1391.). . . . . . . (*A.*)

PRISONS. — ADJUDICATIONS, MARCHÉS. — *V. Expéditions.*
    —   —   *V. Marchés.*
    —   DÉTENUS. — *V. Etats de journées.*
    —   FOURNITURES DIVERSES. — *V. Détenus.*
    —   TRAVAUX DES DÉTENUS. — *Entrepreneurs.* — *V.*
                                           Etats de journées.

PRIX DE VERTU. — QUITTANCES. — *V. Dots.*

PRIX DE LIVRES ET RÉCOMPENSES. — ACHATS. — *V. Instituteurs.*

PROCÈS-VERBAL D'ADJUDICATION PRÉPARATOIRE, DE NON ADJUDICATION OU DE REMISE. — TIMBRE. — *Enregistrement.* — Le procès-verbal d'une adjudication *préparatoire* faite devant l'autorité administrative est exempt d'enregistrement, s'il doit être suivi d'un autre procès-verbal d'adjudication *définitive*, attendu que l'art. 80 L. 15 mai 1818 exempte de cette formalité tous les actes des autorités administratives et des établissements publics qui n'emportent pas *transmission* de propriété, d'usufruit et de jouissance, adjudications, marchés et cautionnements relatifs à ces actes. . (**E.**)

C'est le second procès-verbal déterminant l'adjudication et formant *titre* qui seul, dans ce cas, doit être enregistré. (Art. 78 même loi.)

Mais si l'adjudication préparatoire devenait *définitive* sans un autre acte, elle devrait être soumise à l'enregistrement dans les vingt jours de l'approbation. (J. E. 12341-3.). . . . . (*A.*)

Si l'on considère d'une part que la loi du 22 frimaire an VII et celle du 28 avril 1816 ont *nommément* tarifé au droit fixe les procès-verbaux d'adjudications *préparatoires;* d'autre part, que la formalité du timbre et de l'enregistrement est *obligatoire* pour tous les actes faits dans *l'intérêt* des particuliers, auxquels sont assimilés les communes et les établissements publics, il semble que les procès-verbaux d'adjudications préparatoires de travaux et fournitures, de même que ceux de non adjudication ou de remise, sont soumis au timbre et au droit fixe d'enregistrement de 2 fr., toutes les fois qu'on veut en faire *usage* soit dans les actes ultérieurs, soit dans la comptabilité des Receveurs municipaux. Par application des art. 24 L. 13 brum. an VII et 41 de celle du 22 frim. an VII.

PROCÈS-VERBAUX. — Contraventions. — *V. Chemins vicinaux.*
— — *V. Gardes-champêtres.*
— Frais. — *V. Expertises.*
— Réception de travaux. — *V. Devis.*
— — *V. Chemins vicinaux.*

PROCURATIONS ET POUVOIRS. — Timbre. — *Enregistrement.* —
Sont assujettis au timbre les procurations et pouvoirs donnés ou
reçus pour accepter, recevoir, agir, etc., dans l'*intérêt* des communes
et établissements publics. (Art. 12 et 24 L. 13 brum. an VII.) (*A.*)
Ils sont passibles de l'enregistrement si l'on veut en faire usage ou
les annexer à un acte public. (Art. 41 L. 22 frim. an VII.)

PRODUIT DES DROITS D'EXPÉDITIONS.—*V. Actes administratifs.*
— *V. Actes de l'état-civil.*

PRODUITS DIVERS. — *V. Centimes communaux.*
— *V. Registres.*

PROTESTANTS. — *V. Culte.*

PUBLICATION DE MARIAGE (DISPENSE DE). — Ordonnance.
— L'ordonnance du Procureur du Roi portant dispense de publication de mariage, est un acte d'*administration publique* exempt du
timbre et de l'enregistrement. (Sol. 14 nov. 1842.) . . . . (**E.**)

PUBLICATIONS DE MARIAGE. — *V. Affiches.*

Q.

QUITTANCES. — A-compte. — *Traitements.* — Il ne peut être
donné plusieurs quittances sur une même feuille de papier timbré
à moins qu'il ne s'agisse d'un à-compte sur une *seule et même
créance* ou d'un seul terme de fermage ou loyer ; toutes autres
quittances données sur une même feuille de papier timbré, n'ont
pas plus d'effet que si elles étaient écrites sur papier *non timbré.*
(Art. 23 L. 13 brum. an VII.) En matière de traitements (*V. Employés*),
chaque traitement ne constitue point une *créance unique*, pour
laquelle chaque paiement partiel forme un à-compte exempt de timbre. Il n'y a dette et créance, au contraire, que pour le temps de
service *expiré*, et il existe autant de créances *distinctes*, qu'il y a de
paiements *séparés.*
Si donc le traitement se paie par *mois, trimestre,* ou *semestre,* on
ne peut mettre sur la même feuille que les *à-comptes* payés sur le

mois, le trimestre ou le semestre. (Sol. 18 fév. 1831 ; I. g. E. 1370
§ 9.)

QUITTANCES. — AGENTS DE L'ÉTAT. — *Traitements, Exemption.*
— Sont exemptes du timbre les quittances des traitements, appoin-
tements et émoluments des fonctionnaires publics, des employés à
divers titres et de tous agents quelconques de *services publics*
salariés sur les fonds généraux ou départementaux compris au
budget. (Art. 16 L. 13 brum. an VII; I. g. E. 1391, 1re partie.)   (**E.**)

QUITTANCES. — ENREGISTREMENT. — *Exemption.* — Sont dispensées de l'*enregistrement* les quittances s. s. p. données par les fournisseurs, ouvriers, maîtres de pensions, et autres quittances de
même nature produites comme *pièces justificatives des comptes.*
(Cod. procéd., tit. IV, art. 537.) . . . .   (**E.**)

QUITTANCES. — SOMME INFÉRIEURE A 10 FR. — *Exemption.* —
En général, sont affranchies du timbre les quittances de toute nature qui n'excèdent pas 10 fr., quand il ne s'agit pas d'un *à-compte*
ou d'une quittance *finale* sur une plus forte somme. D'où il suit
que ce n'est pas la somme *quittancée*, mais le *montant intégral de la
créance* qui doit servir de règle pour l'exigibilité du droit de timbre
sur la quittance ou l'exemption. (Art. 16 L. 13 brum. an VII; I. g. E.
1391, 1re partie.) . . . .   (**E.**)

QUITTANCES. — RÉCÉPISSÉS. — *Trésor public, Exemption.* —
Sont affranchis du timbre les récépissés et quittances donnés par
les Receveurs des finances pour les sommes versées au Trésor pour
le compte des communes et des établissements publics. (D. m. fin.
1er mai 1822; I. g. E. 1041 et 1391.) . . . .   (**E.**)

QUITTANCES. — TIMBRE. — *Débiteur.* — Le timbre des quittances
fournies à *l'État* ou délivrées en son nom, est à la charge des particuliers qui les donnent ou les reçoivent. (Art. 29 L. 13 brum. an VII.)
En ce qui concerne les *communes*, la loi est muette. Elles se
trouvent donc placées dans le *droit commun*, et régies par l'art.
1248 du C. N., lequel met les frais du paiement *à la charge du
débiteur.* D'où il suit que le timbre des quittances données aux Receveurs des communes et des établissements publics doit être sup-
porté par ces communes et établissements, à moins qu'il n'y ait
obligation ou *convention contraire.*
Lorsque les communes et les établissements publics n'ont pas pris
les mesures convenables pour faire supporter les droits de timbre
des quittances par ceux à qui sont faits les paiements, ou par les

Receveurs comptables, ces derniers doivent aviser aux moyens de faire admettre le montant de ces droits dans leurs budgets, de même que pour leurs autres menues dépenses, par application de l'art. 1248 C. N. (D. m. fin. 17 oct. 1809; I. g. E. 454.)

QUITTANCES. — TRAITEMENTS. — *Suppléments et Remises.* — Sont assujetties au timbre les quittances, *quel qu'en soit le chiffre,* des traitements, suppléments de traitements et remises de toutes personnes attachées aux communes, hospices, fabriques et autres établissements publics, lorsque la somme payée, à ce titre, par la commune ou l'établissement *dépasse 300 fr. par an,* indépendamment des subventions payées par l'État et le département. (D. m. fin. 17 oct. 1809; I. g. E. 454 et 1513 § 12.) *(V. Employés.)*

Notamment les quittances pour traitements alloués :

1° Aux *Agents-voyers* chargés du service des chemins vicinaux. (D. m. fin. 22 nov. 1854 et 2 fév. 1855; I. g. E. 2025 § 8.).   (A.)

2° Aux *Architectes,* lorsqu'ils sont rétribués à l'année. (I. g. E. 1391.). . . . .   (A.)

3° Aux *Artistes vétérinaires* payés à l'année. (I. g. E. 1391.)   (A.)

4° Aux *Bibliothécaires* pour traitements communaux. (I. g. E. 454.) . . . .   (A.)

5° Aux *Cantonniers* communaux. (D. m. fin. 17 oct. 1809 et 18 déc. 1843; I. g. E. 454, 1700 et 1768.). . . . .   (A.)

6° Aux *Chirurgiens* rétribués à l'année. (I. g. E. 1391.). .   (A.)

7° Aux *Commissaires* et agents de police. (I. g. E. 454.). .   (A.)

8° Aux *Commissaires* et *Agents-voyers,* pour *traitements* annuels, mais s'il s'agit de *salaire* de surveillance. (*V. Chemins vicinaux.*)   (A.)

9° Aux *Commissionnaires* et *Messagers* employés et rétribués à l'année. (I. g. E. 1132 § 16.) . . . .   (A.)

10° Aux *Concierges* et *Portiers.* (I. g. E. 454.). . . . .   (A.)

11° Aux *Crieurs, publicateurs, tambours* ou *trompettes.* (I. g. E. 1132 § 16.) . . . .   (A.)

12° Aux *Curés, vicaires* et *desservants, chapelains* et *ministres protestants,* pour la portion de traitement payée par la commune. (I. g. E. 454, 1079, 1577 § 25.) . . . .   (A.)

13° Aux *Employés* au service de la *garde nationale,* commissionnaires, tambours, trompettes, et autres agents salariés dont le traitement annuel dépasse 300 fr. . . . .   (A.)

14° Aux *Employés* des *Mairies* et des *octrois,* sur états d'émargements, ou par quittances individuelles. (I. g. E. 371 § 5, 1231 § 2: J. E. 11610.). . . . .   (A.)

15° Aux *Employés* des *monts-de-piété*, pour traitements *personnels* au-dessus de 300 fr. (D. m. fin. 20 oct. 1812.) . . . . . (*A.*)

16° Aux *Employés de l'octroi*, sur états d'émargements ou par quittances individuelles. (I. g. E. 1231 § 2; J. E. 11610.). . (*A.*)

17° Aux *Gardes-champêtres*, rétribués à l'année. (I. g. E. 371 § 5, et 454.) . . . . (*A.*)

18° Aux *Gardes-forestiers*. (I. g. E. 454.) . . . . . . (*A.*)

19° Aux *Instituteurs et Institutrices*, lorsque le traitement fourni par la *commune* excède 300 fr. par année, indépendamment des *subventions* de l'État ou du département et de la *rétribution scolaire*. (I. g. E. 454 et 1513 § 12.) . . . . (*A.*)

20° Aux *Médecins et Chirurgiens* rétribués à l'année. (I. g. E. 1391.) . . . . (*A.*)

21° Aux *Messagers* et *Commissionnaires* employés à l'année. (I. g. E. 1132 § 16.). . . . . (*A.*)

22° Aux *Monts-de-piété*, pour traitements annuels et *personnels* des employés et agents. (D. m. fin. 20 oct. 1812.) . . . . (*A.*)

23° Aux *Officiers de santé* pour vaccination gratuite, lorsque l'*indemnité* est convertie en *traitement* annuel de *plus de 300 fr*. (I. g. E. 454 et 1132 § 16). . . . . (*A.*)

24° Aux *Professeurs* des colléges et des écoles communales. (I. g. E. 454.) . . . . (*A.*)

25° Aux *Receveurs municipaux*, pour traitements ou remises. (I. g. E. 1132 § 16.). . . . . (*A.*)

Pour l'application du timbre aux quittances de ces remises, c'est la somme payée par *chaque* commune qui doit servir de règle pour l'exigibilité du droit ou l'exemption. (J. E. 12759-3.)

26° Aux *Sages-Femmes* rétribuées à l'année. (I. g. E. 454, J. E. 11671-5) . . . . (*A.*)

27° Aux *Secrétaires* des légions de la *garde nationale*. (Dél. 23 mai 1843; Déc. 12 juin 1843.) . . . . (*A.*)

28° Aux *Secrétaires* des mairies. (I. g. E. 454 et 1231 § 2.). (*A.*)

29° Aux *Trésoriers* des fabriques et des consistoires protestants. (I. g. E. 454.). . . . . (*A.*)

QUITTANCES DIVERSES. — Créances excédant 10 francs. — *Timbre.* — Sont assujetties au timbre les quittances de sommes *excédant 10 fr.*, et celles de sommes *au-dessous de 10 fr.*, lorsqu'il s'agit du paiement d'un *à-compte* ou d'une quittance *finale* sur une somme *au-dessus* de 10 fr. *non exemptée du timbre*. (Art. 12 L. 13 brumaire an VII: I. g. E. 1391.) . . . . (*A.*)

Cet article s'applique aux divers paiements faits par les communes et les établissements publics, savoir :

1° A l'*Abonnement* des journaux. (I. g. E. 454.) . . . . . (*A.*)

2° Aux *Agents* de police secrète, pour gratifications. (D. m. fin. 17 juin 1843.). . . . . (*A.*)

3° Aux *Allumeurs* de réverbères ou du gaz. (I. g. E. 1099 § 1er; Sol. 19 juillet 1842; J. E. 15028-1.) . . . . (*A.*)

4° Aux *anciens Employés* ou serviteurs, *non indigents*, pour secours, indemnités, pensions et gratifications. (I. g. E. 454; J. E. 12388-2.) . . . . (*A.*)

5° Aux *Architectes* pour frais et honoraires, lorsque ce n'est pas à titre de *traitement* annuel inférieur à 300 fr. (I. g. E. 1391.) . (*A.*)

6° Aux *Arrérages* de rentes constituées sur les villes, et dont les titres sont au porteur; attendu que la quittance de la partie *libère la ville*. (Dél. 23 mai 1843.). . . . . (*A.*)

7° Aux *Artistes*, savants et gens de lettres, pour prix et encouragements. (I. g. E. 1391.) . . . . (*A.*)

8° Aux *Artistes vétérinaires* non payés à l'année. (I. g. E. 1391.) (*A.*)

9° Aux *Associations* d'intérêt public, pour souscriptions. (I. g. E. 1391.) . . . . (*A.*)

10° Aux *Auteurs* de belles actions, pour gratifications. (I. g. E. 1391.) . . . . (*A.*)

11° Aux *Balayeurs* des rues, pour *salaires*, même par *abonnement*. (I. g. E. 1099 § 1er; J. E. 11671-5.) . . . . (*A.*)

Les dépenses de l'espèce ne peuvent faire l'objet d'un *traitement*. (*V. Balayage.*)

12° Au *Barbier* qui vient deux fois par semaine raser les malades dans un hospice, même à titre *d'abonnement*. (J. E. 15028-2.) (*A.*)

A moins qu'il ne s'agisse d'un *traitement* annuel *inférieur à 300 fr.*

13° Aux *Bureaux de bienfaisance*, pour indemnités payées par l'État aux trésoriers de ces bureaux, chargés des intérêts des orphelins de Juillet 1830. (Inst. min. fin. 30 nov. 1840 p. 219.). . (*A.*)

14° Aux *Chemins vicinaux*, pour subventions et secours, même quand des *indigents* doivent être employés aux travaux. (I. g. E. 1513 § 12.). . . . . (*A.*)

15° Aux *Chirurgiens* non payés à l'année. (I. g. E. 1391.) . (*A.*)

16° Aux *Colléges* et *Lycées*, à raison de bourses et pensions. (I. g. E. 454.) . . . . (*A.*)

17° Aux *Compagnies d'assurances*, pour primes annuelles. (I. g. E. 1391.) . . . . (*A.*)

18° Aux *Conducteurs* d'enfants-trouvés, pour frais de voyage. (Dél. 30 déc. 1839; J. E. 12455.) . . . . (*A.*)

19º Aux *Créanciers* à différents titres tels que marchands, fabricants, ouvriers, fournisseurs, entrepreneurs, régisseurs, etc. réalisant un bénéfice quelconque. (I. g. E. 1236 § 11, 1239 et 1391.)   (*A*.)

20º Aux *Curés, Desservants, Vicaires, Ministres protestants, Instituteurs* et *Institutrices, Gardes-champêtres* et *Gardes-forestiers*, pour indemnités de loyer ou de jardin. (I. g. E. 1132 § 16.). . .   (*A*.)

Chaque terme doit faire l'objet d'une quittance sur timbre *séparée*, s'il excède 10 fr.. . . . .   (*A*.)

21º Aux *Départements* et aux *Communes*, à raison des pensions payées pour personnes placées dans des établissements de bienfaisance, tels que les institutions des Sourds-muets, des Quinze-vingts et de Charenton. (D. m. fin. 8 mars 1842; J. E. 12962-4.). .   (*A*.)

22º Aux *éclusiers* et ouvriers *auxiliaires* non rétribués à l'année. (I. g. E. 2003 § 5.). . . . .   (*A*.)

23º Aux *Ecoles* d'équitation, pour indemnités accordées aux propriétaires. (I. g. E. 1391.) . . . .   (*A*.)

24º Aux *Econômes* des hospices, pour les quittances données aux Receveurs de ces établissements lors du remboursement des dépenses journalières non justifiées par des *mémoires* de fournisseurs; attendu que ces quittances constatent et régularisent une opération *extérieure*, et ne peuvent dès lors être classées parmi les pièces de pure administration *intérieure*. (Dél. 30 déc. 1839; J. E. 12455.) *(V. Hospices.)* . . . .   (*A*.)

25º Aux *Entrepreneurs* de travaux, pour remboursement d'avances. (I. g. E. 1391.) . . . .   (*A*.)

26º Aux *Fabricants*, pour livraisons et fournitures. (I. g. E. 1391.) . . . .   (*A*.)

27º Aux *Fabriques* des églises, *établissements ecclésiastiques et consistoires protestants*. (I. g. E. 1132 § 16 et 1391.) . . .   (*A*.)

28º Aux *Fabriques* pour sommes allouées, *à titre* de *secours*. (I. g. E. 1132 § 16.). . . . .   (*A*.)

29º Aux *Fêtes* nationales et patronales, pour dépenses. (I. g. E. 454.) . . . .   (*A*.)

30º Aux *Fossoyeurs*, même à titre de *traitement* ou d'*abonnement*. (D. m. fin. 28 déc. 1839.) . . . .   (*A*.)

31º Aux *Fournisseurs*, pour toutes espèces de fournitures. (I. g. E. 1391.) . . . .   (*A*.)

32º Aux *Fournisseurs* de matériaux pour *chemins vicinaux*. (I. g. E. 1513 § 12.). . . . .   (*A*.)

33º Aux *Gardes-fontaines*, pour frais d'entretien et de visite, même à titre de *traitement* ou d'*abonnement*. (Sol. 19 juillet 1842; J. E. 11671-5.) . . . .   (*A*.)

34° Aux *Gardes-forestiers*, pour indemnités de loyer ou de jardin. (I. g. E. 1132 § 16.) . . . . *(A.)*

35° Aux *Gendarmes*, pour les quittances par eux données aux entrepreneurs de transports et voitures, pour frais de translation, par voie extraordinaire, des accusés ou des prévenus. (D. m. fin. 3 mars 1843; J. E. 13577-3.) . . . . *(A.)*

36° Aux *Gens de lettres, Savants et Artistes*, pour gratifications et encouragements. (I. g. E. 1391.) . . . . *(A.)*

37° Aux *Greffiers*, pour coûts d'actes de leur ministère et *mémoires* de frais. (I. g. E. 1391.). . . . . *(A.)*

38° Aux *Hommes de peine*, pour enlèvement de cadavres (Sol. 24 juin 1839), ou pour avoir retiré de l'eau les corps des noyés. (D. m. fin. 17 juin 1843.) . . . . *(A.)*

39° Aux *Horlogers*, pour entretien et montage d'horloges communales, même à titre de *traitement* ou d'*abonnement*. (I. g. E. 1099 § 1er, 1370 § 9; D. m. fin. 16 fév. 1835; J. E. 11212, 11671-4.). *(A.)*

40° Aux *Huissiers*, pour frais d'actes de leur ministère et *mémoires* de frais. (I. g. E. 1391.). . . . . *(A.)*

41° Aux *Instituteurs* et *Institutrices*, pour frais de bureaux, indemnités de logement, loyers d'école ou de jardin, gratifications et encouragements. (I. g. E. 1132. § 16.) . . . . **(A.)**

42° Aux *Mairies* pour frais de bureaux. . . . . . **(A.)**

Mais la quittance de la somme allouée au maire pour l'entretien à forfait de la maison commune, est exempte du timbre, quand il n'y a pas de *mémoires* d'ouvriers ou de fournisseurs. (D. m. fin. 16 fév. 1835; J. E. 11212; I. g. E. 1132 § 16.) . . . . **(E.)**

43° Aux *Marchands*, pour ventes et fournitures de toutes espèces. (I. g. E. 1391 n° 6.) . . . . *(A.)*

44° Aux *Médecins* qui ont visité les enfants-trouvés, pour *honoraires*, lorsque ces honoraires ne se confondent pas avec un *traitement* annuel inférieur à 300 fr. (I. g. E. 1391; Dél. 24 déc. 1839 et 23 mai 1843; J. E. 12455.) . . . . *(A.)*

45° Aux *Ministres protestants*, pour indemnités de loyer ou de jardin, ou secours pour réparation des temples. (I. g. E. 1132 § 16 et 1391.) . . . . *(A.)*

46° Aux *Notaires*, pour coûts d'actes et honoraires. (I. g. E. 1391.) . . . . *(A.)*

47° Aux *Nourrices* des enfants-trouvés, pour indemnités et frais de voyage. *(V. Nourrices.)* (Dél. 23 mai 1843; D. m. fin. 17 juin 1843; J. E. 12455.) . . . . *(A.)*

48° Aux *Ouvriers* employés auxiliairement aux chemins vicinaux ou à la tâche ou à la journée, *non indigents. Chaque* paiement au-

dessus de 10 fr., doit faire l'objet d'une quittance *séparée*. (J. E.
12990; I. g. E. 2003 § 5.) . . . . (*A.*)

49° Aux *Paveurs* pour pavage des rues, lorsqu'il s'agit de *taxes
locales*, et même lorsque le mode de recouvrement des fonds affectés
aux travaux, est suivi comme en matière de *contributions publiques*.
(Sol. 11 juillet 1842.) . . . . (*A.*)

50° Aux *Pompes* à incendie, pour fournitures, entretien et réparations. (Dél. 21 déc. 1830; Sol. 29 avril 1843.). . . . . . (*A.*)

L'achat doit toujours faire l'objet d'un acte soumis au timbre et à
l'enregistrement.

51° Aux *Primes* payées lors des concours d'animaux ou des
courses de chevaux, ou pour produits exceptionnels amenés aux
foires et marchés. (I. g. E. 1391.). . . . . (*A.*)

52° Aux *Quittances* apposées sur les mandats de paiement d'a-
mendes et droits en sus dont la *remise* est faite aux contrevenants
par décisions ministérielles. Mais s'il s'agit d'une *restitution pure et
simple* de droits et amendes *induement perçus*, la quittance est exempte du timbre. (Circ. Compt. gén. 31 déc. 1852 n° 85.). . (**E.**)

53° Aux *Quittances* données aux Receveurs municipaux par les
Receveurs des Domaines pour versements du vingtième de la valeur
des coupes de bois délivrées *en nature* aux communes et établissements publics. (Sol. 14 janv. 1843; J. E. 13240-8.) . . . (*A.*)

54° Aux *Sages-femmes*, pour *gratifications*, et aux *élèves sages-
femmes*, pour *indemnités* de cours d'accouchement, lorsqu'elles ne
sont pas *indigentes*. (I. g. E. 1391.). . . . . (*A.*)

55° Aux *Savants*, *Gens de lettres* et *Artistes*, pour gratifications et
encouragements. (I. g. E. 1391.) . . . . (*A.*)

56° Aux *Sociétés* d'agriculture et *Comices agricoles*, pour remboursement de dépenses autorisées. (I. g. E. 1391.). . . . . . (*A.*)

57° Aux *Sonneurs* de cloches, pour *salaires*, même à titre d'abonnement. (D. m. fin. 16 fév. 1835; J. E. 11212) . . . . . . (*A.*)

Les dépenses de l'espèce ne peuvent faire l'objet d'un *traitement*.

58° Aux *Surveillants* des enfants-trouvés, pour frais de voyage.
(Dél. 24 déc. 1829; J. E. 12455.) . . . . (*A.*)

59° Aux *Taxes* réparties entre les habitants qui jouissent d'un
terrain communal, lorsqu'une portion tourne au profit de la commune ou d'un établissement public. (Déc. 30 déc. 1831; J. E. 10207
et 11176; I. g. E. 1391.). . . . . (*A.*)

60° Aux *Taxes communales*, pour frais d'affouage, de pâturage et
de pavage, ainsi qu'aux *rôles* de répartition de ces taxes, lorsqu'elles sont au profit des communes et des établissements publics.
(Déc. 30 déc. 1831; J. E. 10207 et 11176; I. g. E. 1391.) . . (*A.*)

61° Aux *Taxes* établies sur les bestiaux conduits aux pâturages communaux. (I. g. E. 1391.) . . . . *(A.)*

62° Aux *Veuves* de pompiers et aux anciens employés ou serviteurs *non indigents* pour secours et pensions. (I. g. E. 454; J. E. 12388-2.) . . . . *(A.)*

63° Aux *Visiteurs* de bestiaux mis en vente dans les foires et marchés. (I. g. E. 1391.) . . . . *(A.)*

64° Aux *Visiteurs* des fours et cheminées, non salariés à l'année. (I. g. E. 1391.) . . . . *(A.)*

QUITTANCES. — CONTRIBUTIONS DIRECTES. — *Exemption.* — Sont affranchies du timbre, en vertu de l'art. 16 n° 1er L. 13 brum. an VII, les quittances, *quel qu'en soit le chiffre*, des contributions *directes*, ordinaires et extraordinaires, perçues au *profit de l'État.* (D. m. fin. 1er mai 1822.) . . . . **(E.)**

QUITTANCES. — CENTIMES ET PRODUITS COMMUNAUX. — Sont affranchies du timbre les quittances données par les Receveurs municipaux aux Receveurs des finances et Payeurs du Trésor, par suite de paiements faits aux communes et établissements publics :

1° Des centimes communaux ordinaires et extraordinaires;

2° Des attributions sur la contribution des patentes ;

3° Des arrérages de rentes sur l'État ;

4° Des amendes de police simple, correctionnelle et de fonds-commun ;

5° Des fonds versés pour travaux de charité ;

6° Des intérêts des fonds placés au Trésor. (I. g. E. 1391.). **(E.)**

QUITTANCES. — DOUBLES FONCTIONS. — *Doubles traitements.*— Lorsque l'employé d'une commune ou d'un établissement public touche à *divers titres* plusieurs traitements, salaires ou indemnités dont le chiffre, *pour chacun*, est *inférieur à 300 fr.*, mais dont la réunion *excède* cette somme, la quittance afférente à chaque traitement, salaire ou indemnité est *exempte* du timbre. En effet, cette réunion ne vient pas constituer une créance *unique* supérieure à 300 fr. La créance relative à chaque traitement, salaire ou indemnité, subsiste *séparément*, et tombe, à l'égard du timbre, sous l'application de la loi ou de la décision qui la régit spécialement. **(E.)**

QUITTANCES. — FONDS VERSÉS AU TRÉSOR. — *Communes.* — Sont exempts du timbre les récépissés ou quittances délivrés par les Receveurs des finances aux Receveurs des communes et des établissements publics pour versements de fonds appartenant à ces communes et établissements. (I. g. E. 1041.). . . . . . . **(E.)**

Il en est de même pour les quittances données aux agents du Trésor par suite du paiement soit du capital, soit des intérêts de ces fonds, ainsi que pour les *décomptes* d'intérêts produits à l'appui. (I. g. E. 1391.) . . . . **(E.)**

QUITTANCES. — FORCEMENTS EN RECETTE. — *Comptables.* — Sont exemptes du timbre, *quel qu'en soit le chiffre*, les quittances données par un Receveur à son prédécesseur pour forcement en recette de sommes mises à la charge de ce dernier par arrêté du Conseil de Préfecture. (J. E. 11740-1.) . . . . **(E.)**

QUITTANCES. — FRAIS DE PERCEPTION. — *Receveurs municipaux.* — Sont exemptes du timbre comme se rattachant au recouvrement des contributions *publiques*, les quittances des sommes relatives aux *frais* de perception des impositions locales, quel que soit le chiffre de ces frais. (Art. 16 L. 13 brum. an VII; I. g. E. 1391.) . . **(E.)**

QUITTANCES. — IMPOSITIONS LOCALES. — *Taxes.* — Sont affranchies du timbre les quittances des sommes payées aux Receveurs municipaux sur le produit des *impositions locales*, quand il ne s'agit pas de *taxes* profitant aux *communes*. (I. g. E. 454 et 1391.). **(E.)**

QUITTANCES. — JAUGEAGE, PESAGE ET MESURAGE. — Sont assujetties au timbre comme relatives aux *taxes communales*, les quittances, au-dessus de 10 fr., données pour le produit des droits de jaugeage, pesage et mesurage. (Art. 12 L. 13 brum. an VII; I. g. E. 1391.) . . . . **(A.)**

QUITTANCES. — LOYER, CHAUFFAGE, ÉCLAIRAGE. — Sont assujetties au timbre les quittances des sommes payées pour loyers, chauffage et éclairage des corps-de-garde de la garde nationale. (I. g. E. 1422 § 16.). . . . . **(A.)**

QUITTANCES NOTARIÉES. — PRIX DE MARCHÉS AVEC L'ÉTAT. — Sont assujetties au timbre les quittances notariées du prix des marchés faits avec l'État. . . . . **(A.)**

Les minutes et les expéditions de ces marchés sont également soumises au timbre. (I. g. E. 1504 § 6.) . . . . **(A.)**

QUITTANCES. — PORTS DE LETTRES. — *Timbre.* — Sont soumises au timbre les quittances au-dessus de 10 fr. données pour ports de lettres, excepté celles délivrées par le Directeur des postes, agissant au nom de l'État. (D. m. fin. 8 juin 1832; I. g. E. 454.) . . **(A.)**

QUITTANCES. — PRIX DE TERRAINS. — *Routes, Rues.* — Sont assujetties au timbre les quittances ou récépissés donnés par les

Receveurs des finances pour prix de concessions de terrains, par suite d'alignement, sur les routes départementales. (J. E. 12172-4.) (*V. Récépissés.*). . . . . (*A.*)

Il en est de même des quittances données pour prix d'acquisition de terrains pour la voie publique, alignement des rues, établissement de promenades, lorsqu'il ne s'agit pas d'expropriation pour cause d'utilité publique. (D. m. fin. 4 mai 1835.) . . . . (*A.*)

QUITTANCES. — Prix de ventes, loyers et indemnités. — Sont assujetties au timbre les quittances données par des propriétaires d'immeubles pour prix de ventes, loyers ou indemnités. (Art. 12 L. 13 brum. an VII.) . . . . (*A.*)

QUITTANCES. — Revenus fonciers. — Sont assujetties au timbre les quittances données pour le 10e ou le 20e des revenus fonciers dont le produit est destiné aux acquisitions, constructions et réparations des églises, presbytères et séminaires. (I. g. E. 454.) (*A.*)

QUITTANCES TIMBRÉES (REGISTRE DES). — Visa. — Indépendamment de leurs livres et registres, et notamment du journal à souche, les Receveurs des communes et des établissements publics doivent tenir un registre de *quittances timbrées*, sur lequel doit être reportée toute recette excédant 10 fr., et duquel doit être détachée la quittance à remettre à la partie payante. (I. g. E. 1388 § 11.). (*A.*)

Ces quittances doivent être timbrées à l'extraordinaire et ne peuvent être visées pour timbre *sans amende*. (J. E. 14872-10.)

QUITTANCES. — Timbre des registres de l'état-civil. — Sont exemptes du timbre les quittances données par les Receveurs de l'enregistrement aux Receveurs des communes pour prix de fourniture du papier timbré destiné aux registres de l'état-civil. (D. m. fin. 28 juin 1832, qui abroge l'I. g. E. 454.) (*V. État-civil.*) . (**E.**)

QUITTANCES. — Actes de poursuites. — *V. Acte à la suite.*
—   Adultes ou indigents. — *V. Instituteurs.*
—   Bourses. — *Communes.* — *V. Colléges.*
—   Chauffage d'écoles. — *V. Instituteurs.*
—   Chemins vicinaux. — *V. Agents-voyers.*
—   Coupes de bois. — *V. Affouage.*
—   Débiteurs des communes.—*V. Journal à souche.*
—   —   *V. Quittances timbrées.*
—   Diverses. — *V. Mairies.*
—   Économe. — *V. Hospices.*
—   Expropriation. — *V. Chemins vicinaux.*

R.

RACHAT DE PRESTATIONS. — Chemins vicinaux. — *V. Prestations.*

RADIATION D'INSCRIPTIONS. — *V. Arrêtés des Préfets.*

RAMONAGE. — Quittance. — *V. Cheminées.*

RÉCÉPISSÉS. — Prix de terrains. — *Routes départementales.* — Sont assujettis au timbre les récépissés ou quittances donnés par les Receveurs des finances pour prix de concessions de terrains, par suite d'alignement, sur les routes départementales. Il ne s'agit pas d'un *impôt*, mais d'une *créance*. (J. E. 12172-4.) . . . . . (A.)

RÉCÉPISSÉS. — Versements. — *Comptables publics.* — Sont affranchis du timbre les récépissés délivrés par les Receveurs des finances aux Percepteurs et Receveurs des contributions publiques pour versements de fonds.

Il en est de même pour les quittances données aux contribuables. (Art. 16 n° 1er L. 13 brum. an VII; I. g. E. 1041.) . . . . (E.)

RÉCÉPISSÉS. — *V. Fonds versés au Trésor.*
—   *V. Quittances.*

RECEVEURS GÉNÉRAUX. — Remises. — *V. Coupes de bois.*
—   Versements. — *V. Récépissés.*

RECEVEURS MUNICIPAUX. — Remises. — *Cumul.* — C'est en raison seulement des *remises* qu'un Receveur municipal touche de *chaque* commune, que le droit de timbre est exigible ou non sur la quittance de ces remises, selon qu'elles excèdent ou n'excèdent pas *300 fr.* par année. (I. g. E. 454 et 1513 § 12.)

RECEVEURS MUNICIPAUX. — Remises. — *Quittances, Retenue.* — Les quittances données par les Receveurs municipaux pour leurs *remises* ou *traitements*, sont assujetties au timbre, lorsque ces remises excèdent 300 fr. par an et pour chaque commune. (I. g. E. 454 et 1132 § 16.). . . . . (A.)

Mais la déclaration de la retenue faite sur ces remises pour la caisse des retraites, est affranchie du timbre comme étant d'ordre intérieur. (I. g. E. 1481 § 17 n° 3.). . . . . (E.)

RECEVEURS MUNICIPAUX. — Actes et répertoires. — *V. Communication.*

RECEVEURS MUNICIPAUX. — Doubles des comptes. — *V. Expéditions.*

— Droits et amendes de timbre. — *V. Responsabilité.*

— Frais de perception. — *V. Quittances.*

— Livres et registres. — *V. Livres des comptes.*

—   — *V. Journal à souche.*

—   — *V. Livre récapitulatif.*

—   — *V. Registres.*

—   — *V. Quittances timbrées.*

— Remises. — *Liquidation.* — *V. Décomptes.*

—   — *V. Employés et agents.*

— Remises. — *Cumul.—V. Quittances.*

RÉCOMPENSES ET ENCOURAGEMENTS. — *V. Instituteurs.*

— *V. Primes.*

— *V. Quittances.*

RECONNAISSANCES D'ARTICLES D'ARGENT. — *V. Postes.*

REGISTRES. — Actes et délibérations. — *Minutes, Expéditions.* — Sont exempts du timbre les registres des administrations publiques, des communes, des hospices (Circ. 1705), des fabriques (I. g. E. 504), des monts-de-piété, des Prudhommes (I. g. E. 407), des caisses d'épargnes (I. g. E. 1492) et des établissements publics, lorsque ces registres sont destinés aux actes, délibérations, arrêtés et autres actes d'*ordre intérieur* et d'*administration publique.* (Art. 16 n° 2 L. 13 brum. an VII.). . . . . **(E.)**

Mais ces actes et délibérations sont assujettis au timbre sur les minutes et expéditions, lorsqu'ils ont pour objet un *intérêt particulier,* et peuvent former *titre* pour des *conventions avec des tiers.* (Art. 12 même loi.). . . . . **(A.)**

REGISTRES ET RÉPERTOIRES ADMINISTRATIFS. — Timbre. — Sont sujets au timbre : 1° les registres des Préfectures, Sous-Préfectures et Mairies, tenus pour des objets *particuliers* et qui n'ont point rapport à l'administration générale ; 2° les répertoires des secrétaires. (Art. 12 L. 13 brum. an VII.) . . . . **(A.)**

Sont exempts du timbre : 1° les registres des administrations et des établissements publics tenus pour ordre ; 2° ceux des Receveurs des contributions publiques et autres fonctionnaires publics ; 3° les registres tenus pour les arrêtés et délibérations d'administration générale; 4º ceux utiles à l'ordre intérieur des bureaux et à la constatation de remise des pièces d'administration. (Art. 16 même loi; Circ. 1566 § 7.) . . . . (**E.**)

REGISTRES A SOUCHE. — Mairies. — *Timbre.* — Les registres à souche tenus dans les mairies et sur lesquels s'inscrivent les permis de construire ou de réparer, sont exempts du timbre pour la partie réservée aux *minutes.* . . . . (**E.**)

Mais ils sont sujets au timbre de 1 fr. 25 c. pour celle destinée aux *expéditions* détachées de ces registres. (D. m. fin. 14 fév. 1809; J. E. 3158.). . . . . (*A.*)

Les registres destinés à recevoir les déclarations des propriétaires qui, pour ne pas payer de contributions, renoncent à leurs propriétés, sont sujets au timbre, aux frais de la commune. Les expéditions délivrées aux parties doivent également être sur timbre de 1 fr. 25 c. (D. m. fin. 18 août 1812; J. E. 4425.) . . . . (*A.*)

REGISTRES DE CAISSE. — Receveurs municipaux. — *Timbre, Visa.* — Sont assujettis au timbre : 1º le journal général et le livre de caisse des Receveurs municipaux pour les communes dont le revenu s'élève à plus de 10,000 fr. . . . . (*A.*)

2º Le livre des recettes et dépenses ou registre des produits divers tenu pour les communes dont le revenu ne s'élève pas à 10,000 fr. Ils peuvent être timbrés à l'extraordinaire au chef-lieu du département, ou visés pour timbre dans tous les autres bureaux. (I. g. E. 918 et 941.) . . . . (*A.*)

REGISTRES DES QUITTANCES TIMBRÉES. — Visa. — Indépendamment des divers registres et spécialement du *Journal à souche*, sur lequel doivent être transcrites successivement toutes les recettes, *sans exception*, les Receveurs des communes et des établissements publics doivent tenir un *registre de quittances timbrées*, sur lequel doit être reportée toute recette excédant 10 fr., et duquel doit être détachée la quittance remise à la partie payante. (Circ. m. fin. 15 sept. 1831; I. g. E. 1388 § 11.)

Ces quittances doivent être timbrées à l'extraordinaire, et ne peuvent être visées pour timbre, *sans amende.* (J. E. 14872-10.). . . . . (*A.*)

REGISTRES (TIMBRE DES). — Abandon de propriété. — *V. Déclaration d'abandon.*
Comptabilité. — *V. Hospices.*

—

REGISTRES (TIMBRE DES). — COMPTABILITÉ. — *V. Fabriques.*
   —   —   *V. Préfectures.*
   —   —   *V. Octroi.*
   —   COMPTES. — *V. Livres.*
   —   CONSEILS MUNICIPAUX. — *V. Délibérations.*
   —   EXPÉDITIONS. — *Registres.* — *V. Actes de l'état-civil.*
   —   JOURNAL A SOUCHE. —*V. Quittances timbrées.*
   —   MARCHÉS (DROITS SUR LES). — *V. Mesurage.*

RELATION D'ENREGISTREMENT. — TRANSCRIPTION. — *V. Expéditions.*

REMBOURSEMENT D'OBLIGATIONS. — QUITTANCES. — Sont assujetties au timbre les quittances données par suite du remboursement des obligations ou emprunts contractés par les communes et les établissements publics. (Art. 12 L. 13 brum. an VII.) .   .   (*A.*)

REMBOURSEMENT. — AVANCES. — *V. Entrepreneurs.*
   —   CAUTIONNEMENTS. — *V. idem.*
   —   OBLIGATIONS. — *V. Emprunts.*
   —   —   *V. Caisse des dépôts.*
   —   QUITTANCES. — *V. Avances.*
   —   RENTES. — *Arrêtés des Préfets.* — *V. Expéditions.*
   —   TIMBRE DES REGISTRES. — *V. État-civil.*

REMISE D'AMENDES DE TIMBRE ET D'ENREGISTREMENT. — *V. Pétitions.*
   —   *V. Restitutions.*
   —   *V. Quittances.*

REMISE (PROCÈS-VERBAL DE). — ADJUDICATION. — *V. Procès-verbal.*

REMISES. — CUMUL. — *Timbre.* — *V. Gardes-champêtres.*
   —   —   —   *V. Quittances.*
   —   —   —   *V. Receveurs municipaux.*
   —   —   —   *V. Vicaire.*

REMISES. — RECEVEURS GÉNÉRAUX. — *V. Coupes de bois.*

REMISES. — Receveurs municipaux. —. *V. Décomptes.*

—   —   *V. Employés.*

—   —   *V. Impositions locales.*

—   —   *V. Receveurs.*

REMPLAÇANTS. — *V. Militaires.*

REMPLACEMENT MILITAIRE. — *V. Certificats.*

—   *V. Expéditions.*

RENTES SUR L'ÉTAT. — Arrérages. — Les quittances données par les Receveurs municipaux aux Receveurs des finances par suite de paiement d'arrérages de rentes sur l'État appartenant aux communes, sont exemptes du timbre. (Art. 16 L. 13 brum. an VII; I. g. E. 1391.). . . . . **(E.)**

RENTES. — Remboursement. — *Arrêtés des Préfets.* — *V. Expéditions.*

RÉPARATION D'ARMES. — Frais. — *V. Caisses et armes.*

RÉPERTOIRES. — Tenue, forme, communication. — *Visa.* — Les secrétaires des administrations centrales et municipales (*Préfets, Sous-Préfets* et *Maires*) sont obligés de tenir sur timbre de dimension des répertoires à colonnes sur lesquels ils doivent inscrire, jour par jour, sans blanc ni interligne et par ordre de numéros, tous les actes de ces administrations sujets à l'enregistrement, à peine d'une amende de 5 fr. pour chaque omission ou intercalation.

Ce répertoire est soumis au visa du Receveur de l'enregistrement dans les dix premiers jours de janvier, avril, juillet et octobre, à peine d'une amende de 10 fr. Il doit en outre être communiqué, à toute réquisition, aux employés de l'enregistrement, à peine de 10 fr. d'amende. (Art. 49, 50, 51 et 52 L. 22 frim. an VII.)

Les actes dont il doit être tenu répertoire sur papier timbré, et dont les employés de l'enregistrement peuvent demander *communication,* sont : 1º les actes des autorités administratives et des établissements publics portant *transmission de propriété, d'usufruit ou de jouissance;* 2º les *adjudications ou marchés de toute nature, aux enchères, au rabais ou sur soumissions;* 3º les *cautionnements relatifs à ces actes.* (Art. 78 et 82 L. 15 mai 1818.)

RÉPONSES. — Timbre. — *V. Pétitions.*

RESPONSABILITÉ DES DROITS ET AMENDES. — Timbre. — *Enregistrement.* — Les Receveurs municipaux sont *seuls* passibles des droits et amendes de *timbre* dus à raison des pièces annexées aux comptes des communes et des établissements publics, attendu qu'étant chargés de veiller aux intérêts de leurs commettants, et d'assurer la validité des paiements qu'ils effectuent, ils sont dès lors *personnellement* responsables de l'inexécution des lois sur le timbre, dans l'exercice de leurs fonctions. Par suite, ils doivent personnellement les droits et amendes encourus, sauf leur recours, *pour les droits de timbre seulement,* contre les parties qui en sont débitrices, aux termes de l'art. 1248 C. N. (D. m. fin. 24 mai 1819 et 16 fév. 1835 ; J. E. 6421, 11212 et 13269-4.)

En cas de décès des contrevenants, les droits et amendes de timbre dont ils étaient redevables, sont dus par leurs *héritiers.* (Art. 76 L. 28 avril 1816.)

Mais les Receveurs municipaux ne sont point responsables des droits et amendes d'*enregistrement* dus pour les actes administratifs. Ces droits et amendes restent à la charge des *Maires* qui les doivent d'après l'art. 20 L. 22 frim. an VII. (Sol. 10 mai 1843 ; J. E. 10538.)

RESPONSABILITÉ. — Receveurs municipaux. — *V. Débiteurs.*
　　　—　　　　　　　　　—　　　　　*V. Primes d'assurance.*

RESTITUTIONS DE DROITS ET AMENDES. — *V. Quittances.*

RETENUES. — Caisse des retraites. — V. *Instituteurs.*
　　　—　　　　　　　—　　　　　　V. *Pensions.*
　　　—　　　Remises. — *V. Receveurs municipaux.*

RETRAITES (CAISSE DES). — Liquidation. — *V. Pensions.*

RÉTRIBUTION SCOLAIRE. — Rôles. — *Quittances.* — *V. Écoles primaires.*
　　　—　　　　　　　—　　　　　— *V. Instituteurs.*

RÉTRIBUTION ET DROITS UNIVERSITAIRES. — *V. Collèges.*
　　　—　　　　　　*V. Droits universitaires.*

REVENUS FONCIERS. — *V. Quittances.*

RIVERAINS. — Cession de terrains. — *V. Chemins vicinaux.*

RIVIÈRES ET CANAUX. — Curage. — *États de journées, Mandat.* — Les états de journées des ouvriers employés à l'exécution des travaux entrepris d'office et par voie de régie, par l'État, conformément à la loi du 14 flor. an XI, pour le curage des fossés, rivières et canaux, sont assujettis au timbre, lorsqu'ils sont *émargés* de la signature des parties prenantes, et que les sommes payées excèdent 10 fr. . . . . (A.)

Mais le mandat collectif délivré au profit de l'agent de l'État qui a dirigé les travaux, en est exempt. (D. m. fin. 16 août 1853; I. g. E. 2003 § 4.) . . . . **(E.)**

ROLES. — TAXES COMMUNALES. — *Timbre, Visa.* — Sont assujettis au timbre, comme constituant des titres de *créances* et non un *impôt public,* les *rôles* de cotisation rendus *exécutoires* par le Préfet et relatifs : 1º à la jouissance des eaux et fontaines; 2º aux fermages d'immeubles; 3º aux dépaissances et défrichements, lorsqu'ils tiennent lieu des baux sujets à l'enregistrement (Dél. 16 fév. 1839); 4º aux abonnements d'octrois répartis entre tous les habitants; 5º aux indemnités dues par les propriétaires de marais ou étangs desséchés, lorsque le desséchement est fait par des concessionnaires; 6º aux frais d'affouage, de pâturage et de pavage; 7º et généralement les rôles de répartition ainsi que les quittances au-dessus de 10 fr. des *taxes* diverses qui tournent au *profit* des communes et des établissements publics. (L. 18 juillet 1837 art. 44; D. m. fin. 31 déc. 1844; I. g. E. 1732 § 17.) . . . . **(A.)**

Ces rôles peuvent être dressés sur des *formules imprimées* qui sont timbrées à l'extraordinaire au chef-lieu du département ou visées pour timbre dans tous les autres bureaux. (D. m. fin. 20 avril 1854; I. g. E. 2003 § 8.)

ROLES. — TIMBRE. — *Exemption.* — Sont exempts du timbre : 1º les rôles des contributions directes ordinaires et extraordinaires (Circ. 2042 § 2); 2º ceux de répartition de la contribution foncière d'un terrain communal, entre les habitants qui jouissent de ce terrain, lorsqu'il n'y a aucun *profit* pour la commune (Déc. 30 déc. 1831; J. E. 11176); 3º les rôles des rétributions mensuelles dues pour les élèves des écoles primaires (Art. 14 L. 28 juin 1833; I. g. E. 1760); 4º les quittances relatives à ces divers rôles . . . . . . **(E.)**

Il en est de même des rôles établis pour les distributions de *secours* à domicile aux *indigents.* (Art. 16 L. 13 brum. an VII; I. g. E. 1391.) . . . . **(E.)**

ROLES. — CHEMINS VICINAUX. — *V. Prestations.*
   —   EXÉCUTOIRES. — *Extraits.* — *V. Contributions directes.*
   —   RÉTRIBUTION SCOLAIRE. — *V. Écoles primaires.*
   —   TAXES COMMUNALES. — *V. Affouage.*
   —   —   *V. Pâturage.*

ROULAGE (AMENDES DE). — ÉTATS D'ATTRIBUTION. — *Quittances.* — Sont affranchies du timbre les quittances données par les

Receveurs municipaux pour les portions d'amendes de roulage attribuées aux communes. Il en est de même des *états* d'attribution joints aux comptes pour justifier les recettes de l'espèce. (I. g. E. 1391.) . . . . **(E.)**

ROULAGE. — Arrêtés. — *V. Expéditions.*

ROUTES DÉPARTEMENTALES. — Adjudications de travaux. — Sont assujetties au timbre et au droit fixe d'enregistrement de 2 fr., les adjudications de travaux à exécuter sur les routes *départementales,* parce que les travaux de cette nature, bien qu'étant faits pour le compte des *départements,* sont à la charge directe ou indirecte de l'*État,* puisqu'ils doivent être acquittés au moyen de centimes versés dans les caisses du Trésor. (L. 15 mai 1818 art. 73; Sol. 15 oct. 1844; I. g. E. 1732 § 1er.) . . . . **(A.)**

ROUTES DÉPARTEMENTALES. — Prix de terrains. — *Timbre, Enregistrement.* — Les acquisitions de terrains pour les routes départementales étant faites pour le compte de l'*État,* les actes qui les constatent, et qui sont faits en vertu de la loi d'expropriation pour cause d'utilité publique, doivent être visés pour timbre et enregistrés *gratis.* (Art. 70 § 2 L. 22 frim. an VII; D. m. fin. 12 sept. 1842; I. g. E. 1678.). . . . . **(E.)**

Mais les acquisitions de l'espèce faites à l'*amiable,* par les départements, sont soumises aux droits ordinaires de timbre et d'enregistrement, lorsqu'il n'est pas justifié que les formalités prescrites par la loi du 3 mai 1841, sur l'expropriation pour cause d'utilité publique, ont été remplies. (D. m. fin. 20 novembre 1843; I. g. E. 1698.) . . . . **(A.)**

ROUTES DÉPARTEMENTALES. — Travaux. — *V. Affiches.*
      —   —   *V. Devis.*
      —   Prix de terrains. — *V. Expropriation.*
      —   —   *V. Quittances.*
      —   —   *V. Récépissés.*

RUES. — *V. Balayage.*
      —   *V. Quittances.*

S.

SAGES-FEMMES. — Élèves. — *Indemnités.* — Sont assujetties au timbre, lorsqu'elles excèdent 10 fr., les quittances des indemnités accordées par le département aux élèves sages-femmes pour les aider à suivre un cours d'accouchement, à moins que l'*indigence* de ces élèves ne soit régulièrement constatée. (Art. 12 L. 13 brumaire an VII.). . . . . (*A.*)

SAGES-FEMMES. — TRAITEMENTS. — *Gratifications.* — Sont assujetties au timbre, mais seulement lorsqu'ils excèdent 300 fr. par année, les quittances des *traitements* alloués aux sages-femmes par les communes et les hospices. (I. g. E. 454 et 1132 § 16; J. E. 11671-5.) . . . . (*A.*)

Les quittances des *gratifications* et *indemnités* accordées aux sages-femmes pour soins donnés même à des *indigentes,* y sont également soumises, lorsqu'elles *excèdent 10 fr.* (Art. 12 L. 13 brum. an VII; D. m. fin. 23 mai 1831; I. g. E. 1391.) . . . . (*A.*)

SAISIES ET AMENDES D'OCTROI. — RÉPARTITION. — *V. Octroi.*

SALAIRES. — TRAITEMENTS. — *Distinction, Timbre.* — Pour connaître si les quittances données aux Receveurs des communes et des établissements publics sont ou non assujetties au timbre, il importe de distinguer entre les sommes payées à titre de *salaires* ou *indemnités,* et celles payées à titre de *traitements.*

Les premières sont toujours soumises au timbre, lorsqu'elles excèdent 10 fr., tandis que les secondes n'y sont assujetties qu'autant que le chiffre du traitement annuel excède 300 fr.

Il faut aussi remarquer que certains *salaires,* tels que ceux alloués aux ouvriers et fournisseurs, ne peuvent jamais faire l'objet de *traitements.* (J. E. 11671-5.)

SALAIRES. — AGENTS-VOYERS. — *V. Chemins vicinaux.*
—   EXPERTS. —   *V.   Idem.*
—   OUVRIERS AUXILIAIRES. — *V. États de salaires.*
—   SECOURS. — *Indemnités.* — *V. Gardes-champêtres.*
—   SURVEILLANTS. — *V. Chemins vicinaux.*
—   TRAITEMENTS. — *V. Cantonniers.*
—   —   *V. Quittances.*

SALLES D'ASILE. — OUVROIRS. — *Timbre.* — A défaut d'exception prévue par la loi, les dépenses relatives aux salles d'asiles et ouvroirs créés par les communes, et qui ont pour objet l'entretien, la fourniture et le salaire des préposés ou agents, sont assujetties au timbre lorsque la somme dépasse 10 fr., à moins qu'il ne s'agisse d'un *traitement communal n'excédant pas 300 fr.* par année. (Art. 12 L. 13 brum. an VII; I. g. E. 454.). . . . . (*A.*)

SAPEURS-POMPIERS. — *V. Pompiers.*

SECOURS OU SUBVENTIONS. — Distinction. — *Timbre, Exemption.* — A l'égard des quittances de sommes allouées par l'État, les communes ou les départements à titre de *secours* ou de *subventions*, il importe, pour l'exigibilité ou l'exemption du droit de timbre, de bien reconnaître la *nature* de l'allocation. En effet les seules quittances *exemptes* du timbre, par application de l'art. 16 L. 13 brum. an VII, sont celles relatives :

1° Aux *secours* et *subventions* accordés aux *bureaux de charité.* (I. g. E. 1132 § 16 et 1391.). . . . . (E.)

2° Aux *subventions* accordées par les *communes* aux *hospices*, aux sociétés maternelles, institutions de bienfaisance, maisons de refuge et d'insensés, enfin aux œuvres de charité, même par *souscription.* (I. g. E. 1391 1re partie n° 9.) . . . . (E.)

3° Aux *subventions* ou *secours* accordés par l'*État* aux mêmes établissements. (I. g. E. 1391 ; Sol. 31 mars 1840.). . . . (E.)

4° Aux *subventions* accordées par l'État ou le département aux *communes* pour *travaux de charité* (I. g. E. 1391), excepté pour travaux sur les *chemins vicinaux.* (*V. ces mots.*). . . . . . . (E.)

En dehors de ces exceptions, toute quittance de secours ou de subvention est soumise au timbre, si la somme excède 10 fr., par application de l'art. 12 L. 13 brum. an VII. . . . . . (*A.*)

SECOURS ET SUBVENTIONS DE L'ÉTAT, DU DÉPARTEMENT OU DES COMMUNES AUX BUREAUX DE CHARITÉ. — Sont affranchies du timbre les quittances des sommes payées aux bureaux de charité et autres établissements de bienfaisance , à titre de *secours* ou de *subventions*, même par *souscription.* (I. g. E. 1132 § 16 et 1391.) . . . . (E.)

SECOURS AUX HOSPICES, FABRIQUES, CONSISTOIRES. — *Timbre.* — Sont assujetties au timbre (art. 12 L. 13 brum. an VII) les quittances de sommes au-dessus de 10 fr. allouées par les communes, à titre de *secours*, aux fabriques et aux consistoires protestants. (I. g. E. 1132 § 16 et 1391.). . . . . (*A.*)

Mais les quittances des sommes payées aux *hospices*, à titre de *subventions* ou *secours*, par l'État, le département ou les communes, sont *exemptes* du timbre. (Art. 16 L. 13 brum. an VII; I. g. E. 1391 n° 9 1re partie.) . . . . (E.)

SECOURS. — Veuves et anciens employés. — Sont assujetties au timbre les quittances de secours accordés par une commune ou un établissement public à des veuves de pompiers ou à d'anciens employés et serviteurs, lorsque la somme excède 10 fr. et que l'in-

digence des ayant-droit n'est pas justifiée. (Art. 12 L. 13 brum. an VII;
I. g. E. 454; J. E. 12388-2.). . . . .   (*A.*)

SECOURS. — Bureaux de charité. — *V. Indigents.*
   —   —   *V. Bureaux de bienfaisance.*
   —   Divers. — *V. Subventions.*
   —   Encouragements. — *V. Instituteurs.*
   —   En nature ou en argent. — *V. Indigents.*
   —   Indemnités. — *V. Gardes-champêtres.*
   —   Ouvriers blessés. — *V. Chemins vicinaux.*
   —   Sinistres et indemnités. — *V. Mandats.*
   —   Subventions. — *V. Chemins vicinaux.*
   —   —   *V. Fabriques.*
   —   Veuves et employés. — *V. Employés et agents.*

SECRÉTAIRES DES MAIRIES. — Actes faits par eux. — Les
actes passés ou signés par les secrétaires des mairies n'ont aucun
caractère d'authenticité ni de validité vis-à-vis des tiers. (Av. Cons.
d'État app. le 8 juillet 1807.)

SÉMINAIRES (PETITS). — Registres. — *Timbre.* — *V. Colléges.*

SERMENT. — Actes de prestation. — *Minutes et Expéditions.* —
Sont assujettis au timbre les actes de prestation de serment des Receveurs des communes et des établissements publics, ainsi que les
expéditions délivrées aux parties. (I. g. E. 248.) . . . .   (*A.*)
Ils sont soumis à l'enregistrement sur la minute dans les vingt
jours de leur date. (Art. 68 L. 22 frim. an VII, et L. 27 vent. an IX
art. 14.)

SERMENT. — Agents-voyers, Gardes-champêtres. — Sont
soumis au timbre de dimension et au droit fixe d'enregistrement de
3 fr., quel que soit le chiffre du traitement, les *minutes* des actes de
prestations de serment des gardes des douanes, des gardes forestiers,
gardes-champêtres, conducteurs, agents-voyers et cantonniers-chefs
des ponts-et-chaussées. Les *expéditions* de ces actes sont également
sujettes au timbre de 1 fr. 25 c. (Art. 68 § 3 n° 3 L. 22 frim. an VII;
D. m. fin. 22 mars 1837 et 7 juin 1850; I. g. E. 1855.) . .   (*A.*)

SERMENT. — Minute. — *Expédition.* — *V. Employés.*
   —   Surveillants. — *Télégraphes.* — *V. Lignes télé-*
                                       graphiques.

SERVICE MILITAIRE. — Expéditions. — *V. Actes de l'état-civil.*
   —   Pensions civiles. — *V. Certificats.*
   —   Registres matricules. — *V. Idem.*

SINISTRES. — Secours et indemnités. — *V. Mandats.*

SOCIÉTÉS MATERNELLES. — Subventions. — *V. Secours.*
    —   —   —   *V. Hospices.*
    — DE SECOURS MUTUELS. — Expéditions. — *V. Actes
de l'état-civil.*
    — ARTISTIQUES. — *V. Subventions.*

SONNERIE CIVILE. — Salaire. — *V. Cloches.*
    —   —   *V. Quittances.*

SOUMISSIONS. — Approbation. — *Timbre, Enregistrement.* —
La soumission faite sous signature privée par un entrepreneur ou
un fournisseur qui s'engage à faire des travaux ou des livraisons et
fournitures d'objets mobiliers au profit d'une commune ou d'un établissement public, moyennant un prix déterminé, devient un *acte
administratif* soumis au timbre et à l'enregistrement, dans le délai
de vingt jours, dès qu'elle est *approuvée* par le Maire et le Préfet et
qu'elle remplace l'adjudication. (Art. 78 L. 15 mai 1818 et Jug^t
Valenciennes 8 mai 1850.) . . . . (A.)

Le droit proportionnel d'obligation est dû sur l'acte s. s. p., *dûment
approuvé*, constatant un emprunt fait par une commune. (Jug^t
Marseille 26 août 1851.) (*V. Emprunts.*) . . . . (A.)

SOUMISSION D'ACQUÉRIR. — Terrain communal usurpé. —
Sont assujetties au timbre les déclarations et soumissions d'acquérir
faites par les détenteurs de terrains communaux *usurpés;* il en est
de même des expéditions de ces actes délivrées aux parties. (D. m.
fin. 8 brum. an XIII et 5 mai 1807; I. g. E. 328.) . . . . (A.)

SOUMISSIONS. — Cahier des charges. — *V. Acte à la suite.*
    — Marchés de toute nature. — *V. Actes admi-
nistratifs.*
    —   —   *V. Expéditions.*

SOUSCRIPTIONS VOLONTAIRES. — Etats de recettes. —
Timbre. — Sont affranchis du timbre les *états* certifiés par le Maire
ainsi que les autres pièces annexées aux comptes des Receveurs et
trésoriers, pour justifier l'encaissement de secours et subventions
provenant de *souscriptions* volontaires faites au profit des bureaux
de charité et autres établissements de bienfaisance. (I. g. E. 1391 n° 9
1re partie.). . . . . (E.)

Mais cette exemption n'est pas applicable aux *états* de l'espèce qui
se rapportent à des souscriptions faites au profit des communes et

des établissements publics, et pour leur *intérét particulier*. (Art. 12 L. 13 brum. an VII.). . . . . *(A.)*

SOUSCRIPTIONS. — Subventions. — *V. Hospices.*

      —   Associations de charité. — *V. Quittances.*

STAGE. — Certificat. — *V. Instituteurs.*

SUBVENTIONS DES COMMUNES AUX HOSPICES ET BUREAUX DE BIENFAISANCE. — Sont affranchies du timbre les quittances données par les Receveurs, trésoriers et agents comptables des hospices, bureaux de charité, sociétés maternelles, institutions de bienfaisance, maisons de refuge et d'insensés, et autres établissements de bienfaisance, aux Receveurs des communes, du montant des *subventions* qui leur sont allouées sur les budgets communaux. (I. g. E. 1391 1re partie n° 9.). . . . . **(E.)**

SUBVENTIONS OU SECOURS DE L'ÉTAT. — Hospices et bureaux de bienfaisance. — *Exemption*. — Sont exemptes du timbre les quittances données pour les *subventions* ou *secours* accordés par l'*État* aux hospices, bureaux de charité, sociétés maternelles, maisons de refuge et d'insensés, et autres institutions de bienfaisance et de charité. (I. g. E. 1391; Sol. 31 mars 1840.) . . . . **(E.)**

Il en est de même pour les quittances de *subventions* accordées par l'État aux communes pour travaux de charité, excepté pour travaux sur *chemins vicinaux*. (*V. ces mots*.) (I. g. E. 1391.). . **(E.)**

SUBVENTIONS OU SECOURS DE L'ÉTAT. — Communes, Écoles primaires. — Sont assujetties au timbre les quittances délivrées par les Receveurs municipaux aux Payeurs et autres agents du Trésor pour subventions ou secours accordés par l'État aux communes et applicables à l'établissement, à l'agrandissement ou à l'entretien des écoles primaires. (D. m. fin. 9 oct. 1835; I. g. E. 1513 § 12.). *(A.)*

Quant aux quittances des subventions accordées par l'État ou le département et applicables au supplément de traitement des instituteurs communaux, elles étaient assujetties au timbre par D. m. fin. du 9 oct. 1835 (I. g. E. 1513 § 12); mais elles en sont aujourd'hui affranchies, de même que la *rétribution scolaire*, par la loi du 15 mars 1850. (D. m. fin. 23 juin 1854; I. g. E. 1760.). . . . **(E.)**

SUBVENTIONS OU SECOURS DE L'ÉTAT. — Communes, Fabriques et Consistoires. — Sont assujetties au timbre, lorsqu'elles excèdent 10 fr., les quittances des sommes allouées par l'État aux fabriques et aux consistoires protestants, à titre de *subventions* ou *secours*. (I. g. E. 1132 § 16 et 1391.) . . . . *(A.)*

SUBVENTIONS OU SECOURS DES DÉPARTEMENTS. — COM-
MUNES., HOSPICES, ETC. — Aucune exemption du droit de timbre
n'a été prononcée à l'égard des subventions ou secours accordés par
les *départements* aux communes, hospices, bureaux de charité et
établissements de bienfaisance, aux fabriques et consistoires protestants. Mais il semble qu'il y a lieu d'appliquer aux quittances
données par les Receveurs des communes et de ces établissements
aux *départements*, pour subventions ou secours, les décisions rendues en matière de subventions et secours accordés par l'*État*.
(*V. supra*.). . . . .   (*A.*)

SUBVENTIONS. — ÉTABLISSEMENTS CIVILS ET RELIGIEUX. — Sont
assujetties au timbre les quittances des subventions accordées par
les communes aux établissements civils et religieux. (Art. 12 L. 13
brum. an VII; I. g. E. 454.) . . . .   (*A.*)

Il en est de même pour celles de subventions accordées aux
théâtres, sociétés de concerts et autres associations artistiques. (*A.*)

SUBVENTIONS OU SECOURS ACCORDÉS PAR L'ÉTAT, LES
DÉPARTEMENTS OU LES COMMUNES.—*V. Bureaux de bienfaisance.*

    —   *V. Chemins vicinaux.*
    —   *V. Communes.*
    —   *V. Écoles primaires.*
    —   *V. Fabriques.*
    —   *V. Gardes-champêtres.*
    —   *V. Hospices.*
    —   *V. Secours.*
    —   *V. Souscriptions.*

SUPPLÉMENTS DE PRIX. — *V. Adjudications.*
    — DE TRAITEMENTS. — *V. Quittances.*
    —   —   *V. Employés.*

SURVEILLANTS. — SALAIRES. — *V. Chemins vicinaux.*

T.

TABLES DÉCENNALES. — EXPÉDITIONS. — *V. Actes de l'état-civil.*
    — REGISTRES. — TIMBRE. —   *V. Idem.*

TAMBOURS ET TROMPETTES PUBLICS. — *V. Crieurs.*
    —   *V. Quittances.*

TARIF. — ENREGISTREMENT. — *V. Droits d'enregistrement.*
    — AMENDES. — *V. Enregistrement.*
    —   —   *V. Timbre.*

TAXES COMMUNALES. — *V. Affouage.*
    —   *V. Pâturages.*
    —   *V. Quittances.*
    —   *V. Rôles.*

TÉLÉGRAPHES. — Surveillants. — *V. Lignes télégraphiques.*
    —   Serment. — *Procès-verbaux.* — *V. Idem.*

TERRAINS USURPÉS. — *V. Soumission.*

TIMBRE. — Actes purement administratifs. — Sont affranchies du timbre les *minutes* des actes administratifs autres que ceux désignés dans l'art. 78 de la loi du 15 mai 1818; c'est-à-dire tous les actes, y compris les *délibérations,* dans lesquels les *tiers* ne concourent pas avec les communes ou établissements publics; en un mot, les minutes de tous les actes d'administration *intérieure,* faits pour l'exécution des lois et l'*intérêt de l'État.* (Art. 80 de la loi du 15 mai 1818.) . . . . **(E.)**

TIMBRE (AMENDES DE). — Actes. — *Quotité.* — Les amendes encourues pour contraventions aux lois sur le timbre des actes, sont :

1º Pour un acte écrit à la suite d'un autre (art. 23 et 26 L. 13 brum. an VII) : Pour les officiers publics. . . . 20 fr. et le décime.
             Pour les particuliers . . . . . 5 »

2º Pour un acte fait sur du papier ayant déjà servi (art. 26 même loi) : Pour les officiers publics . . 20 »
             Pour les particuliers. . . . 5 »

3º Pour un acte fait en conséquence d'un autre *non timbré.* (Art. 26 même loi.). . . . . . . 20 »

4º Pour un acte produit avant d'avoir été timbré à l'extraordinaire ou visé pour timbre. (Art. 30 même loi.). . . . . 5 »

5º Pour un acte fait sur papier non timbré ou dont le timbre a été supprimé (art. 17 et 26 même loi) :
Pour les officiers publics. . . . . 20 »
Pour les particuliers . . . . 5 »

6º Pour l'enregistrement d'un acte *non timbré.* (Art. 26 même loi.). . . . . 10 »

7º Pour l'altération de l'empreinte du timbre. (Art. 21 et 26 même loi.) . . . . 5 »

Les contrevenants, dans tous les cas ci-dessus, sont en outre passibles des droits de timbre. (Art. 26 même loi.)

TIMBRE (AMENDES DE). — Affiches. — *Quotité.* — Les amendes encourues pour contraventions aux lois sur le timbre des affiches, sont :

1° Pour affiches et avis imprimés sur *papier libre.* (Art. 68 L. 28 avril 1816.) . . . . 50 fr. »

2° Pour affiches non timbrées. (I. g. E. 1303 § 17.). . 20 »

3° Pour affiches imprimées ou manuscrites sur papier *blanc.* (Art. 77 L. 25 mars 1817, 76 de celle du 15 mai 1818.). . . . . 20 »

TIMBRE SUPPRIMÉ. — Amende. — Un nouveau papier timbré ayant été mis en usage, à partir du 1er juillet 1850, tout acte, expédition ou écrit fait sur l'ancien papier dont le timbre est supprimé, doit être considéré comme fait sur *papier non timbré.* (Art. 17 et 26 L. 13 brum. an VII.)

TIMBRE SUPPRIMÉ. — Acte a la suite. — Lorsque les dispositions de la loi permettent d'écrire un acte à la suite d'un autre, on peut user de cette faculté, même lorsque le timbre du papier employé pour le premier acte a été supprimé *depuis cet emploi.* (D. m. fin. 4 brum. an XI; I. g. E. 137; Rép. gén. 442.)

TIMBRE. — Débiteur. — *V. Quittances.*

TIMBRE. — Deux actes sur la même feuille. — *Amende.* — On ne peut rédiger deux actes sur la même feuille de papier timbré, sauf les exemptions prévues par l'art. 23 L. 13 brum. an VII. (*V. Acte à la suite.*)

TIMBRE. — Amendes. — *V. Acte à la suite.*
—   —   *V. Acte-minute.*
—   —   *V. Acte passé en conséquence.*
—   —   *V. Affiches.*
—   —   *V. Altération.*
—   —   *V. Amendes.*
—   —   *V. Empreinte.*

TIMBRE DE DIMENSION. — *V. Actes administratifs.*
—   *V. Actes de l'état-civil.*
—   *V. Affiches.*
—   *V. Délibérations.*
—   *V. Factures.*
—   *V. Livre des comptes.*
—   *V. Mandats.*
—   *V. Minutes.*

TIMBRE DE DIMENSION. — *V. Papier timbré.*
— *V. Pièces comptables.*
— *V. Quittances.*
— *V. Registres administratifs.*
— *V. Registres de l'état-civil.*
— *V. Rôles divers.*
— *V. Titres de recettes.*

TIMBRE. — Expéditions. — *V. Administrations publiques.*
— — *V. Arrêtés des Préfets.*
— — *V. Cahier des charges.*
— — *V. Délibérations.*
— — *V. Devis.*
— — *V. Expéditions.*
— — *V. Papier timbré.*

TIMBRE EXTRAORDINAIRE. — *V. Administrations publiques.*
— *V. Actes de l'état-civil.*
— *V. Caisse des dépôts.*
— *V. Chemins vicinaux.*
— *V. Expéditions.*
— *V. Factures et mémoires.*
— *V. Mandats.*
— *V. Minutes.*
— *V. Quittances timbrées.*
— *V. Rôles.*
— *V. Registres.*
— *V. Voirie vicinale.*

TIMBRE PROPORTIONNEL. — *V. Emprunts.*
— *V. Mandat.*

TITRES DE RECETTES OU DÉPENSES EXÉCUTOIRES. — *Timbre.* — Sont assujettis au timbre de dimension (art. 12 L. 13 brum. an VII) les *titres* ou *extraits de titres* en vertu desquels les Receveurs des communes et des établissements publics effectuent la recette ou le paiement d'une somme, même inférieure à 10 fr., lorsque ces pièces forment des *titres exécutoires* contre les débiteurs. (I. g. E. 454 et 1752; J. E. 15471-1.). . . . . (A.)

En cas de contravention, l'amende de timbre encourue par l'officier public, signataire du titre, et dont le Receveur municipal est responsable, est de 20 fr. (Art. 17 et 26 L. 13 brum. an VII.)

Mais les extraits, copies ou expéditions de ces titres destinés à justifier *provisoirement* la recette ou la dépense, en attendant le compte *final* auquel les expéditions *timbrées* doivent être annexées, sont exempts du timbre s'ils font mention de cette destination. (I. g. E 1752.). . . . . **(E.)**

TITRES DE CRÉANCES. — Timbre. — *V. Entrepreneurs.*

TITRES DE RECETTES. — Adjudications et marchés. — *V. Expéditions.*

— Comptes. — *V. Expéditions.*

— Timbre. — *V. États exécutoires.*

THÉATRES. — Concerts. — *V. Subventions.*

TRADUCTION. — Actes étrangers. — *V. Actes de l'état-civil.*

TRAITEMENTS ET REMISES. — *V. Employés et agents.*

— *V. Gardes-champêtres.*

— *V. Indemnité de binage.*

— *V. Instituteurs.*

— *V. Quittances.*

— *V. Receveurs municipaux.*

— *V. Sages-femmes.*

— *V. Salaires.*

— *V. Vicaires.*

TRAVAUX A LA JOURNÉE OU A LA TACHE, AU COMPTE DIRECT DE L'ÉTAT. — Sont affranchies du timbre les quittances du prix de travaux faits à la journée ou à la tâche par des ouvriers employés par régie, *au compte direct de l'État,* et lorsqu'il n'y a entre eux et l'administration aucun intermédiaire qui puisse en retirer un bénéfice ou profit quelconque. (I. g. E. 1391 1re partie n° 12.). **(E.)**

Mais le timbre serait dû si les travaux étaient faits *d'office* par l'*État* pour le compte des *particuliers.* (*V. États de journées.*) **(A.)**

TRAVAUX COMMUNAUX. — Adjudications. — *V. Plans et devis.*

— A l'entreprise. — *V. Chemins vicinaux.*

— De charité. — *V. Idem.*

— De fournitures. — *V. Factures.*

— — *V. Adjudications.*

— États de journées. — *V. Ateliers de charité.*

— Non adjugés. — *V. Chemins vicinaux.*

— Ouvriers non indigents. — *V. États de journées.*

— Par régie ou économie. — *V. Chemins vicinaux.*

— Réception. — *V. Certificats.*

TRAVAUX. — DÉPARTEMENTS. — *V. Affiches.*

— — *V. Départements.*

— — *V. Devis.*

— — *V. Routes départementales.*

TRAVAUX PUBLICS. — AU COMPTE DIRECT DE L'ÉTAT. — *V. Travaux à la journée.*

— D'OFFICE, AU COMPTE DES PARTICULIERS. — *V. États de journées.*

— RÉCEPTION. — *V. Devis.*

— REMBOURSEMENT D'AVANCES.—*V. Avances.*

— SURVEILLANCE. — *V. Certificats.*

TRAVAUX D'UTILITÉ PUBLIQUE. — COMMUNES. — *V. Expropriation.*

— DÉPARTEMENTS. — *V. Idem.*

TRÉSOR PUPLIC. — *V. Cautionnements.*

— *V. Décomptes.*

— *V. Expéditions.*

— *V. Fonds placés.*

— *V. Quittances.*

— *V. Récépissés.*

TRÉSORIERS. — DOUBLES DES COMPTES. — *V. Fabriques.*

TROMPETTES. — PUBLICATEURS. — *V. Crieurs.*

TROUPES. — *V. Logement.*

U.

UNIVERSITÉ. — *V. Colléges, Lycées.*

— *V. Droits universitaires.*

UTILITÉ PUBLIQUE. — ACQUISITIONS. — *Communes.* — *V. Expropriation.*

— — *Départements.*—*V. Départements.*

— — *V. Routes départementales.*

V.

VACCINATION. — GRATIFICATIONS ET INDEMNITÉS. — *Quittances.* — Sont assujetties au timbre les quittances des *gratifications* et *indemnités* accordées par les communes aux médecins, officiers de santé et sages-femmes pour vaccination gratuite, lorsque ces gratifications et indemnités sont allouées à titre de *traitements* annuels supérieurs à *300 francs*. (D. m. fin. 31 mars 1824; I. g. E. 1132 § 16.) . . . . (*A.*)

S'il ne s'agit pas de traitement, la quittance de l'espèce donnée pour gratification, indemnité ou salaire, est soumise au timbre, lorsqu'elle excède 10 fr. (Art. 12 L. 13 brum. an 7.) . . . (*A.*)

VENTES VERBALES. — ÉTATS DE RECETTES. — *Timbre, Enregistrement*. — Les *états* signés seulement du Maire et approuvés par le Préfet, établissant l'existence de ventes *verbales* faites par une commune ou un établissement public, ne peuvent être considérés comme ayant le caractère d'*actes administratifs*, assujettis au répertoire et à l'enregistrement, par application de l'art. 78 de la loi du 15 mai 1818.

Mais ils constituent des *titres de recettes* (*V. Titres*) soumis au timbre de dimension. (D. m. fin. 18 avril 1846; I. g. E. 1752.) (*A.*)

VENTES VERBALES. — *V. Conventions*.

VENTE DE BOIS. — CAHIER DES CHARGES. — *V. Acte à la suite*.

VENTES DE BOIS. — COMMUNES. — *V. Expéditions*.

VERSEMENTS. — *V. Récépissés*.
      —   *V. Quittances*.

VÉRIFICATION. — PIÈCES ANNEXÉES AUX COMPTES. — *V. Prescription*.
    —   —   *V. Responsabilité*.
    —   —   *V. Communication*.

VEUVES. — SECOURS ET PENSIONS. — *V. Employés*.

VICAIRE. — TRAITEMENT. — *Cumul, Quittance*. — Un prêtre qui reçoit de la même commune un traitement de 300 fr. en qualité de vicaire et un autre de 200 fr. comme *instituteur*, ne peut, *sans amende*, donner quittance de ces deux traitements sur la même feuille de papier timbré. (Art. 16 L. 13 brum. an VII.). . . (*A.*)

Mais la quittance de chaque traitement est exempte du droit, puisqu'elle s'applique à un traitement *n'excédant pas 300 fr.* par an. (D. m. fin. 1er fév. 1843. (*V. Quittances*.) . . . . . . (**E.**)

VICAIRES ET CURÉS. — TRAITEMENTS. — *V. Culte catholique*.

VISA DE PIÈCES ET RÉCÉPISSÉS. — TIMBRE. — *Exemption*. — Le visa donné en exécution du Code de procédure civile, et celui mis sur les récépissés des versements de fonds faits au Trésor

public, sont affranchis du timbre et de l'enregistrement, comme
mesures d'*ordre public*. (I. g. E. 436 § 18.) . . . . (E.)

Il y a exception en matière de contrainte par corps. (Art. 68 § 1er
n° 46 L. 22 frim. an VII.) . . . . (A.)

VISA POUR TIMBRE. — ACTES DES COLONIES OU DE L'ÉTRANGER.
— Les actes venant des colonies où le timbre n'est pas établi ou de
pays étrangers, peuvent être visés pour timbre dans tous les bureaux
d'enregistrement, avant qu'il en soit fait *usage* en France, soit pour
le complément du droit de timbre s'il s'agit d'actes déjà *timbrés* dans
les colonies, soit pour la totalité de ce droit, s'il s'agit d'actes frap-
pés d'un timbre *étranger*. En cas de contravention, l'amende est de
5 fr. (Art. 15 et 30 L. 13 brum. an VII, et 10 de celle du 16 juin
1824; Circ. 1419 et 1593.) . . . . (A.)

VISA POUR TIMBRE AU COMPTANT. — *V. Caisse des dépôts.*
— *V. Chemins vicinaux.*
— *V. Commissions.*
— *V. Comptes.*
— *V. Devis et plans.*
— *V. Factures et mémoires.*
— *V. Lettres missives.*
— *V. Mandats.*
— *V. Quittances.*
— *V. Registres.*
— *V. Rôles communaux.*
— *V. Voirie vicinale.*

VISA POUR TIMBRE EN DÉBET. — ADJUDICATIONS. — *V. Acte
administratif.*
— ADJUDICATIONS AU RABAIS.—*V. Coupes affouagères.*
— ACQUISITIONS.—*Échanges.*—*V. Chemins vicinaux.*
— ACTES DE POURSUITES. — *V. Procès-verbaux.*
— — *V. Gardes-champêtres.*
— — *V. Assistance judiciaire.*
— PROCÈS-VERBAUX DE DÉLIMITATION. — *V. Bois des
communes.*

VISITES. — ENTRETIEN. — *V. Fontaines.*
— QUITTANCES. — *V. Cheminées.*
— SALAIRES. - *V. Bestiaux.*
— SURVEILLANCE. — *V. Enfants-trouvés.*

VOIE PUBLIQUE. — ACQUISITIONS. — *Timbre, Enregistrement.* —
Sont assujetties au timbre et à l'enregistrement les acquisitions de

terrains faites pour la voie publique, alignement de rues, établissement de marchés et promenades, etc., lorsqu'elles ne sont pas faites
pour cause d'*utilité publique* et que les formalités voulues par la loi
du 3 mai 1841, sur l'expropriation, n'ont pas été remplies. (*V. Expropriation.*) . . . . (*A.*)

VOIRIE (GRANDE). — AMENDES ATTRIBUÉES. — *États, Quittances.*
— Sont affranchies du timbre les quittances données pour les amendes
de grande voirie attribuées aux communes. Il en est de même des
états d'attribution joints aux comptes pour justifier la recette. (Art.
16 L. 13 brum. an VII; I. g. E. 1391.). . . . . (**E.**)

VOIRIE (GRANDE). — ARRÊTÉS DE PRÉFECTURE.—*V. Expéditions.*

VOIRIE VICINALE. — CHEMINS VICINAUX. — *Travaux, Certificats.*
— Doivent être rédigés sur papier timbré, par application de l'art. 12
L. 13 brum. an VII, les certificats délivrés par les agents-voyers aux
entrepreneurs de la voirie vicinale pour paiement d'à-compte ou de
solde de travaux sur les chemins vicinaux, et qui sont produits à
l'appui des liquidations ou mandats de paiement. (D. m. fin. 12 oct.
1854 et 24 janv. 1855.) . . . . (*A.*)
Toutefois les certificats de l'espèce et les autres pièces relatives à
la voirie vicinale délivrés sur papier non timbré et employés en dépense jusqu'au *23 novembre 1854*, peuvent être timbrés à l'extraordinaire ou visés pour timbre, sans amende. (D. m. fin. 19 mai 1855;
I. g. E. 2034.)

FIN.